デジタル&グローバル時代の凄い働き方

ダイヤモンド社出版編集部　編

ダイヤモンド社

本書は、世界をリードする総合コンサルティングファーム「アクセンチュア」のプロフェッショナルたちが、デジタル&グローバル時代のなかで、ビジネスパーソンとしてどう成長し、また人としてどう自己実現を果たしてきたのかをレポートしたものだ。

プロフェッショナルとしての経験を経て自信とエネルギーみなぎる世代である彼ら／彼女らの働き方と生き様は、これから新社会人として旅立とうとする学生や、コンサルタントへの転身を考えている人たちには、心に刺さる何かを感じさせるはずだ。

日本と世界を切り開いていくためになくてはならないもの。

その「何か」については、本編を読みながら自ら感じ、つかみとってほしいが、彼ら／彼女らの成長と自己実現の軌跡をたどる前に、「アクセンチュア」のおよそのプロポーションを知ってもらうために、代表取締役社長・程近智氏のインタビューをプロローグとして設けた。

実は程社長自身、アクセンチュアで成長と自己実現を果たした一人でもある。

そして、「アクセンチュアは自らのゴールを達成するためのプラットフォーム」と言い切る。

インタビューは、その真意を聞くところから始まる。

（本文中は敬称略）

「デジタル」「グローバル」が加速する社会で求められるキャリアダイバーシティ。アクセンチュアは、そのロールモデルの宝庫です。

Prologue
アクセンチュアとは？

アクセンチュア代表取締役社長
程　近智 Chikatomo Hodo

1960年生まれ。スタンフォード大学工学部卒業後、1982年アクセンチュアに入社。91年コロンビア大学経営大学院でMBAを取得。戦略グループ統括パートナー、通信・ハイテク本部統括本部長などを経て2005年代表取締役に就任。2006年に代表取締役社長に就任。早稲田大学客員教授、経済同友会幹事なども務める。趣味は温泉旅行、史跡巡り、ゴルフ。

アクセンチュアの社員は、日本と世界の「公共財」たれ

「成長と自己実現のプラットフォームとして、アクセンチュアを活用してほしい」

アクセンチュア株式会社・代表取締役社長の程近智《ほどちかとも》は、ある時はメディアに対して、ある時は目の前の社員に向かって、繰り返しこう語る。プラットフォーム、すなわち働くプロフェッショナルたちが夢をかなえ、目標を達成し、生きる実感と喜びを手にする基盤であることに、アクセンチュアの存在意義がある、と。そう発信する意図はどこにあるのだろうか。

――アクセンチュアが「成長と自己実現のプラットフォーム」だという、その意図をあらためて伺えますか。

程　アクセンチュアは世界最大級の規模を持つ総合コンサルティングファームです。アクセンチュアのサービス範囲は、お客様の課題解決や、成長のための戦略を描いて提案するだけにとどまらず、それを実行させるためのデジタル戦略の立案やアイデアを実行するための業務基盤やＩＴ基盤の構築、さらにはそこで行われる実際のお客様の業務をアウトソーシングという形で請け負うなど、上流から下流に至るまで幅広い領域が対象です。

現在、アクセンチュアは全世界で30万人強、日本には5200人以上の社員がおり、人種も国籍も多彩で、各領域で高い専門性を持っている。こうした**プロフェッショナルたちの経験やスキルが、世界レベルで共有されているのも、アクセンチュアならではの強み**といえるでしょう。つまり、**世界中の英知を結集しながらプロジェクトは進められ、携わる人にとってはキャリアチャンスがあふれた環境**だともいえるのです。

また、アクセンチュアでの経験を基に、退職して新たな挑戦を始める「卒業生」も多く、経営者として、ある分野のプロフェッショナルとして、ビジネスの第一線で活躍しています。さらに、他の会社で経験を積み、アクセンチュアに戻ってくる人もいます。

企業は人なりといいますが、**アクセンチュアの社員はすべて、会社だけでなく、クライアントの、日本の社会の、そして世界の「公共財」**です。私は本気でそう思っています。だからこそ、成長と自己実現のプラットフォームとして活用してほしいと発信し続けているわけです。実際、私が入社した頃とは比較にならないほど、人を育て、キャリアを構築する素晴らしいプラットフォームに、アクセンチュアは成長してきていると思います。

――人材、提供するサービスの質に自信があっての言葉だと思いますが、アクセンチュアのコンサルティングも以前とは変わっているのでしょうか。

程　コンサルティングファーム＝企業の外部アドバイザー。そんなイメージを持つ人も多いかもしれませんが、アクセンチュアは単なるアドバイザーではなく、ビジネスパートナーとして、クライアントと価値を共有する存在に進化したと自負しています。つまりアウトプット（何をしたか）ではなく、アウトカム（結果）で評価される。プロセスを「時間あたりいくら」で評価されるのではなく、**結果をビジネス価値としてクライアントに提供し、共有し、自身の成長にもつなげていくビジネスモデル**です。

コンサルタントは常に、クライアントから根源的な問いを突きつけられます。「どんなに立派な提案があっても、リスクを伴う経営の現場にいなければビジネスの本質は分からない」。そんな意識を持って、アドバイザーとしての限界を打破したいと思っています。

――それが「ビジネスパートナー」という言葉の意味ですか。

程　提案するだけでなく自分たちも一緒にリスクをとり、クライアントと一緒に課題に向き合い、成果を上げていく。**ビジネスパートナーとして価値を提供できる土壌を整えるために、特に人材育成の仕組みを充実させてきた**経緯があります。ちなみにアクセンチュアでは、２０１３年度は人材のトレーニングに８億７０００万ドル以上を投資しています。

また、現在のアクセンチュアは、株式上場しているグローバルカンパニーでもあります。コンサルティングを行いながら、常に自身の企業価値の向上にも取り組んでいます。単なる建前ではなく、透明性と責任感を持ち、ステークホルダーに情報公開しなければいけません。そして将来のビジョンを語るとき、最も大切な経営資源が人材です。**人材育成のプラットフォームとして機能するのは、我々の宿命**ともいえるのです。

「キャリアの踏み台にしてやろう」という目論見で入社

「プラットフォーム」と記すとやや硬い印象になるが、程は「踏み台。それでもいいと思います」とも語った。なるほど、これなら分かりやすいが、経営トップ自ら「踏み台」と表現する会社には、なかなかお目にかかれない。ここにはいろんな意味が含まれていそうだ。

——程社長がアクセンチュアに入社された経緯をあらためて伺いたいのですが。

程　経歴はやや特殊ですが、小学校から高校まで、横浜のインターナショナルスクールに通っていました。アメリカ、ドイツ、インド、中国等々、いろんな国籍の子どもたちと遊び、授業はもちろん英語ですから、大学進学の際、アメリカの大学を選んだのは自然な流れでした。入学したのはスタンフォード大学の工学部。ただ、将来について明確なビジョンがあったわけではなく、3年からの専攻課程を選ぶのもずいぶん迷ったほどです。向こうに住んでいた叔父から、「エンジニアリングをやってから、その先どうするか決めればいい」と言われ、管理工学を専攻しました。何も分からないながらも、エンジニアリングだけではなく、将来経営にも携りたいと、漠然と思っていました。

――1970年代末から80年代にかけて、スタンフォード大学に在学されていたわけですが、当時のシリコンバレーの雰囲気、たとえば新しい時代が始まろうとしている高揚感などは、実際に肌で感じられたのですか。

程　周りには面白いヤツがごろごろいましたし、新しい時代の胎動のようなものが確かにありました。ただ4年生になり、卒業後を真剣に考えた時、そのままアメリカで働く選択もありましたが、私には日本で働きたいという思いが強かった。当時は『ジャパン・アズ・ナンバーワン』という本がベストセラーになるほど、日本の経済が注目されていた時代。でも、インターナショナルスクールに通い、大学はアメリカに留学したため、日本人でありながら、日本のことをあまりにも知らない自分に気づいたのです。そして、一度は日本で就職して、文化や日本の企業について学ぼうと考えたわけです。

とはいえ、卒業時期が違うため、日本の主な企業は新卒採用を終えている。となると、選択肢は外資系となりますが、アクセンチュアを選んだのはまったくの偶然です。大学のキャンパス・リクルーティングで存在を知り、聞けば日本にもオフィスがあるという。当時のコンサルティングファームは、大学院卒か経験者の採用がメインで、新卒はほとんどなかったと思います。新卒もOKで、日本で働ける。さらに面接では「2年経験を積んだら、他に移ってもいい」と。ずいぶん柔軟な会社だと思い、私自身が「踏み台にしよう」という目論見で入社したのです。2年くらいの予定が、30年を超えてしまいましたが（笑）。

――程社長自身は、最初から戦略系のコンサルタントを希望していたのでしょうか。

程　当時のアクセンチュアは入社後、全員が研修期間中にプログラミングをきっちりやったので、最初は現場のプログラマーからのスタートでした。クライアントのところに深夜出向き、早朝8時半までシステムと向き合う。昼夜逆転した生活でしたが、現場感はそこで養われたと思います。もちろんいまは、そんな就労形態ではありません。念のため。

その後、コンサルタントとなり、製造業や流通業を担当した後、会社が金融事業を進めると聞き、私は真っ先に手を挙げました。うまくは言えませんが、この先、金融が大きなビジネスになるという直感が働いたのでしょう。仕事を始めてみると、それまでの業界とはスピード感が違い、非常に面白い。さらに、金融のトップにいるのはビジネスクール出身者ということを知り、アメリカへのＭＢＡ留学を計画します。そして、１９８９年にコロンビア大学に留学しました。

その時代で印象に残っているのは、ウォールストリートの熱気ですね。働く人にも、世界の中心はここだという自信と誇りがみなぎり、実は、夏休みにインターンで参加していたアメリカの大手金融機関から声がかかり、採用の内定までもらったこともあります。

——でも、ＭＢＡを取得し、アクセンチュアに戻られた、と。

程　当時の社長から「新しく戦略グループをつくるから協力してくれ」という興味深い話を聞かされ、その立ち上げにナンバー2として加わることになります。

ロールモデルを見つけると、キャリアをイメージしやすくなる

程の言葉にも出てきたように、アクセンチュアでは、退職して他のキャリアパスを選択す

る人を「卒業生」と呼んでいる。そして、卒業した人が外で経験値とスキルを高め、再入社するケースも珍しくない。重要なのは、クライアントに対してどれだけ質の高いサービスを提供し、ビジネスパートナーとして価値を提供できるかであり、年齢・性別・国籍、そしてプロパーか中途入社かなどの属性は一切考慮せず、戦力となる人材なら躊躇なく受け入れる。それが出戻りであっても関係ないのだ。

――キャリアを構築する場としてアクセンチュアの魅力は、どこにあるのでしょう。

程　ひと言でいうと**「キャリアダイバーシティ」**です。多種多彩なキャリアのプロフェッショナルたちを受け入れる懐の深さだと思います。また、**座学や現場でのOJTを含め、育成システムが整っている**ことも魅力でしょう。最近では、「キャリアズ・マーケットプレイス」という新しい取り組みをグローバル全体で取り入れました。これはまるで社内転職サイトのようなもので、世界中でいま募集中のポジション情報が一目で分かる。もちろん、ここで情報を入手して、世界中のポジションに応募することも可能ですし、ここから将来のキャリアアップに備えて、自らのスキルアッププランを立てることもできます。このような世界規模で透明性を持たせたシステムは、アクセンチュア以外で見たことがありません。

ただし、このようなシステムが整っていても、それを能動的に使いこなす気概がなければだめで、アクセンチュアにいるだけで、その後のキャリアパスが約束されるわけではありません。常に経験値を高め、スキルを磨こうという自立的な姿勢がなければ、せっかくのプラットフォームを生かすことはできないのです。

能動的に次のステージを目指そうとする人には、このプラットフォームはとても使い勝手がいいはずです。**基本は、常に新しいことにチャレンジする意識を持つこと。**私自身がそうでしたが、金融事業を強化すると聞けば、真っ先に手を上げる。戦略グループを立ち上げると聞けば、躊躇なく留学先から戻ってくる。以前、アクセンチュアはベンチャーキャピタルを運営していたこともありますが、そこでも自ら希望してセンター長を経験しました。**能動的で、フロンティアスピリットあふれる人に対しては、何らかの形で応えてくれるのが、このアクセンチュアという会社**です。

――成長と自己実現のプラットフォームを最大限に活用するには、まず、自ら手を上げる意欲と、一歩踏み出す行動力が必要だと。

程　その通りです。コンサルティングやアウトソーシングの仕事は、プロジェクトなどの案件ごとにメンバーをゼロから編成するわけですが、自分の旗を立て、どういう経験とスキルを持ち、どういう方向でキャリアの構築を考えていくかを明確にしなければ、アクセンチュアもいまでは大企業ですから、埋もれてしまうこともあります。それは、本人にとってももったいないだけでなく、会社にとっても大きな損失になり得る。待っているだけでは状況は変わらない。目の前の扉に手をかけ、自分で開けなければ、次のステージには進めないのです。

――自ら扉を開けた時に、可能性としてどのようなキャリアパスが見えてくるのでしょうか。

程　キャリアの出発点は人それぞれですが、仕事を始めたばかりの頃は、どっちを向いて走ればいいのか分からないこともあるでしょう。そんなときに、一つの指針となるのがロールモデルです。「あんなキャリアを築きたい」「あんな働き方をしてみたい」。ただの憧れではなく、**将来の自分を投影できるロールモデルに出会えるかが、実は大きなポイント**ではないでしょうか。

アクセンチュアの社員は、社内外で実にバラエティ豊かなロールモデルと接することができます。社内では先輩、上司。社外には卒業生がいれば、コンペティター（競争相手）もいるし、さまざまな業界のクライアントさえ見方を変えればロールモデルです。特に、**20代、30代の時点で、多くの経営トップと、ハラワタをすり合わせるように議論する機会**

は、他の仕事ではなかなか体験できないと思います。

さまざまなロールモデルにふれ、自分のキャリアパスを思い描くと、現時点で足りないものが見えてきます。それを補うために、社内に3万コース以上用意されているeラーニングなどを活用すればいい。職位別に必ず受けなければいけない研修・講習以外に、自分のキャリアをデザインするためのピースが、どれだけ用意されているか。それが成長と自己実現の要諦でもあるのですが、**アクセンチュアの人材育成システムには多くのプログラムが用意され、量だけでなく、質の面での充実にも自信があります。**

また、グローバルという文脈では、世界中で展開している、**コンサルティングとアウトソーシングを中心とした事業のノウハウが、全社で共有できるナレッジとして集約されている**ことも強調しておきたいですね。今後、日本企業の海外進出はますます活発化するはずですが、国内の限られた場面でのノウハウだけでなく、**世界中の知識と経験を「知恵」として活用することは、自分自身のキャリアデザインにも必ず好影響を与える**はずです。

どんなキャリア志向の人でも、輝ける舞台がある

代表取締役に就任してからほぼ10年。程は、日本でのアクセンチュアのプレゼンスを高めるために、さまざまな取り組みを行ってきた。市況を見越したうえでの売上目標の設定や、5年後に目指す社員数など、常に目標を数値として明確に示す。これは、上場企業としての責任という意味では当然のことかもしれない。一方、多様性こそがアクセンチュアの強みであると考える程は、女性社員や外国人社員の活躍の場を広げることにも積極的に取り組んできた。それは、確実に成果を上げてきている。

――程社長は「スーパーグローバル・スーパーローカル」を提唱していますが、そこにはどんな思いが込められているのでしょうか。

程　アクセンチュアは、30万人を超えるプロフェッショナルから成り立つグローバル企業ですが、そのスケールメリットを、もっと積極的に活用する方向がグローバル。海外オフィスと協力した、日本企業の海外進出サポートもあるでしょうし、海外の事業を日本国内で展開するお手伝いもあると思います。一方で、我々は日本の企業、日本という国が持つ課題、アジェンダにもっと積極的にコミットしなければいけないとも考えています。雇用の創出、すぐれた人材の輩出などはローカルにあたります。この二つの展開を究めるのが、スーパーグローバル・スーパーローカル。**グローバルとローカルがリンクすること**

で、いままで以上に多種多彩な人材の育成も可能になっていくと、私は考えています。

——今後のビジネスパラダイムをどうとらえ、アクセンチュアとして日本の成長にどう貢献していこうとお考えですか？

程　この先10年を見すえてみれば、日本には間違いなく大きなチャンスがある。そう確信しています。キーワードは**「Go Global」**と**「Go Digital」**です。

Go Globalには、外向きのグローバル化と内なるグローバル化、二つの側面があります。外向きとしては、いうまでもなく、ビジネスを成長させるために市場を国外に求めていく潮流はますます加速する。そこには、熾烈な競争が待ち受けていますが、大きな成長や事業拡大の機会が存在していることは間違いない。一方、内なるグローバル化としては、和食、アニメといった日本独自の文化やロボット、医療などが海外から多くの人々を引き寄せ、日本国内のグローバル化の起爆剤になる。２０２０年東京オリンピックは、その重要なマイルストーンになるでしょう。

またGo Digitalの背景にはビッグデータの存在がある。いまあらためて、デジタル化を再認識すべきなのは、スマートフォンやソーシャルメディア、クラウドなどが急速に普及し、位置情報や「つぶやき」、行動履歴や買い物履歴など大量のデータが蓄積され、これまでとは違う次元で社会やビジネスに影響をもたらしはじめているからです。そうしたデータが情報に変わり、情報が知識になり、ビジネスや社会に変革をもたらすというサイクルが始まっています。当然のことながら、そこには大きなビジネスチャンスがある。

アクセンチュアの事業戦略としても、この「グローバル」「デジタル」は、自社の強みを生かすという意味でも、重要なキーワードとして位置づけ、クライアント企業のハイパフォーマンスの実現に貢献していきたいと考えています。

——これから求められる人材観としても、その二つのキーワードは重要な意味を持ってくるということですね？

程　おっしゃる通りです。アクセンチュアは日本でのビジネスを始めて、半世紀を超える歴史を持ち、安定的に成長しています。総合コンサルティングファームとして、世界中の拠点とのネットワークを生かしながら、多くのクライアントと共に成長してきました。しかし、グローバル化の加速やデジタルテクノロジーの進化、業界構造の変化は、想像を超える速さで進行しています。そのスピードに負けないくらいの行動力とバイタリティ、そして貪欲な知識欲のある人材であってほしい。

そして、私の経験を踏まえていえば、**仕事を面白がれること**。私だけでなく、うちの社員に「なぜアクセンチュアを選んだのか」と問いかけると、最も多い答えは「面白い仕事ができるから」です。給料よりも、仕事の面白さが先にくるところが、いかにもアクセンチュアらしいと思います。**仕事が面白ければ、夢中になれる。夢中になれば、次のステージの扉が開く。そうやって、一つずつキャリアの階段を上っていくと、絶えず自分の成長を実感できる。それが、自己実現につながっていく**のではないでしょうか。

先にもお話ししたように、アクセンチュアという会社には、キャリアダイバーシティを地でいくような人材がごろごろいる。倫理観、人間性、プロフェッショナルとしての態度を重んじる企業文化に、このような多種多様なロールモデルが、自分のキャリアメイクの合わせ鏡にもなる。今回、この書籍に登場する社員たちは、多彩なロールモデルのほんの一部ともいっていいくらいです。

程社長が言う「多彩なロールモデル」。多彩でありながらも、共通する「らしさ」もあるのではないか。いかにもアクセンチュアらしい人々とは、どんな仕事観や人生観の持ち主なのか。そして、アクセンチュアというプラットフォームで、自分の成長と自己実現をどのように果たそうとしているのか。次のパートからその実像に迫ってみたい。

CONTENTS

デジタル＆グローバル時代の凄い働き方
アクセンチュア社員が語る常識破りのキャリア構築術

PROLOGUE
アクセンチュアとは？ ▼▼▼ アクセンチュア 代表取締役社長 程 近智
「デジタル」「グローバル」が加速する社会で求められるキャリアダイバーシティ。アクセンチュアは、そのロールモデルの宝庫です。
▼▼▼ P3

Person 01
覚悟を決めて立ち上げた、アジアの戦略拠点 ▼▼▼ 通信・メディア・ハイテク本部 マネジング・ディレクター 川辺義之
世界中の知と知が摩擦を起こし、新たな価値が生まれる。そのダイナミズムがたまらない。
▼▼▼ P25

Person 02
3・11を機に、米国でのキャリアを捨て「復職」を果たす ▼▼▼ アクセンチュア アナリティクス 日本統括マネジング・ディレクター 工藤卓哉
データサイエンティストとして日本の復興と再生のために力を尽くしたい。その思いを「古巣」がかなえてくれた。
▼▼▼ P45

Person 03

グローバルの「知のネットワーク」を生かして ▼▼▼

戦略コンサルティング本部
マネジング・ディレクター 朝海伸子

サステナビリティ社会の実現に挑む。
より良い世界をつくるために、
自分自身が毎日を楽しむために。

▼▼▼
P67

Person 04

アウトソーシング事業推進の立役者 ▼▼▼

オペレーションズ本部
インフラストラクチャー サービス グループ
マネジング・ディレクター 市川博久

直言実行、傍若無人。
アクセンチュアの〝奇兵隊〟をつくった男
どうせ一度きりの人生、心のままに生きる。

▼▼▼
P85

Person 05

マーケティングアナリティクスの先駆者 ▼▼▼

戦略コンサルティング本部
マネジング・ディレクター 秦 純子

常に開拓者でありたい。
多少の波風はあっても大きく構えれば楽しめる。
仕事も、人生も。

▼▼▼
P109

Person 06

あだなは「教授」「占い師」。
テクノロジートレンド分析の第一人者

デジタル コンサルティング本部 先端技術
ビジョニング&IT戦略プロフェッショナル
アソシエイト・プリンシパル

樋口陽介

デジタル化時代の創造的破壊者たれ。
一人ひとりの社員=ドットの組み合わせが
2乗にも3乗にもなる化学反応が起きる。

P129

Person 07

被災地・福島に身を投じて、
日本の新たな都市モデル構築に挑む

福島イノベーションセンター
センター長

中村彰二朗

追い求めてきたのは「オープン化の思想」。
市民一人ひとりのためのITで
一極集中型の日本を変えていきたい。

P149

Person 08

「三遊間」という言葉が好きな、
日本生まれの日本育ち

通信・メディア・
ハイテク本部
シニア・マネジャー

グイネス・ロイドジョーンズ

働くスタイルも夫婦の形も柔軟に。
家事を受け持つ夫との二人三脚で
人生のベストパフォーマンスを目指す。

P169

Person 09

アクセンチュアを辞めて劇団員に転身。
そしてまた復職

問題は自分がどう生きたいか。
この会社には「出る杭」を
育ててくれる社内風土がある。

金融サービス本部 マネジャー 松元 朋

P187

Person 10

キャリアを生かして社会貢献する
「プロボノ」にも邁進

想定外のことは起きる。人生だから。
でも、しなやかに生きていれば、
どんな出来事もプラスに変えられる。

戦略コンサルティング本部
シニア・マネジャー 植野蘭子

P205

Person 11

運命のように引き寄せられて、日本へ

自分で明確なキャリアパスを思い描けば、
道は切り拓かれる。
そんな環境がこの会社にはある。

人事部 スペシャリスト ダニエル・ゲルバー

P225

あとがき

P244

肩書きは2014年12月1日現在

世界中の知と知が摩擦を起こし、新たな価値が生まれる。そのダイナミズムがたまらない。

Person 01

覚悟を決めて立ち上げげた、アジアの戦略拠点

通信・メディア・ハイテク本部
マネジング・ディレクター

川辺義之 Yoshiyuki Kawabe

1975年生まれ。大学卒業後、大手電機メーカーに就職。欧州を中心とした海外拠点での基幹システム導入業務などに携わる。アクセンチュアには2004年に入社。現在はシンガポールと中国(北京)を拠点として、主に通信・メディア・ハイテク業界を中心に、日本企業のアジア進出を支援している。

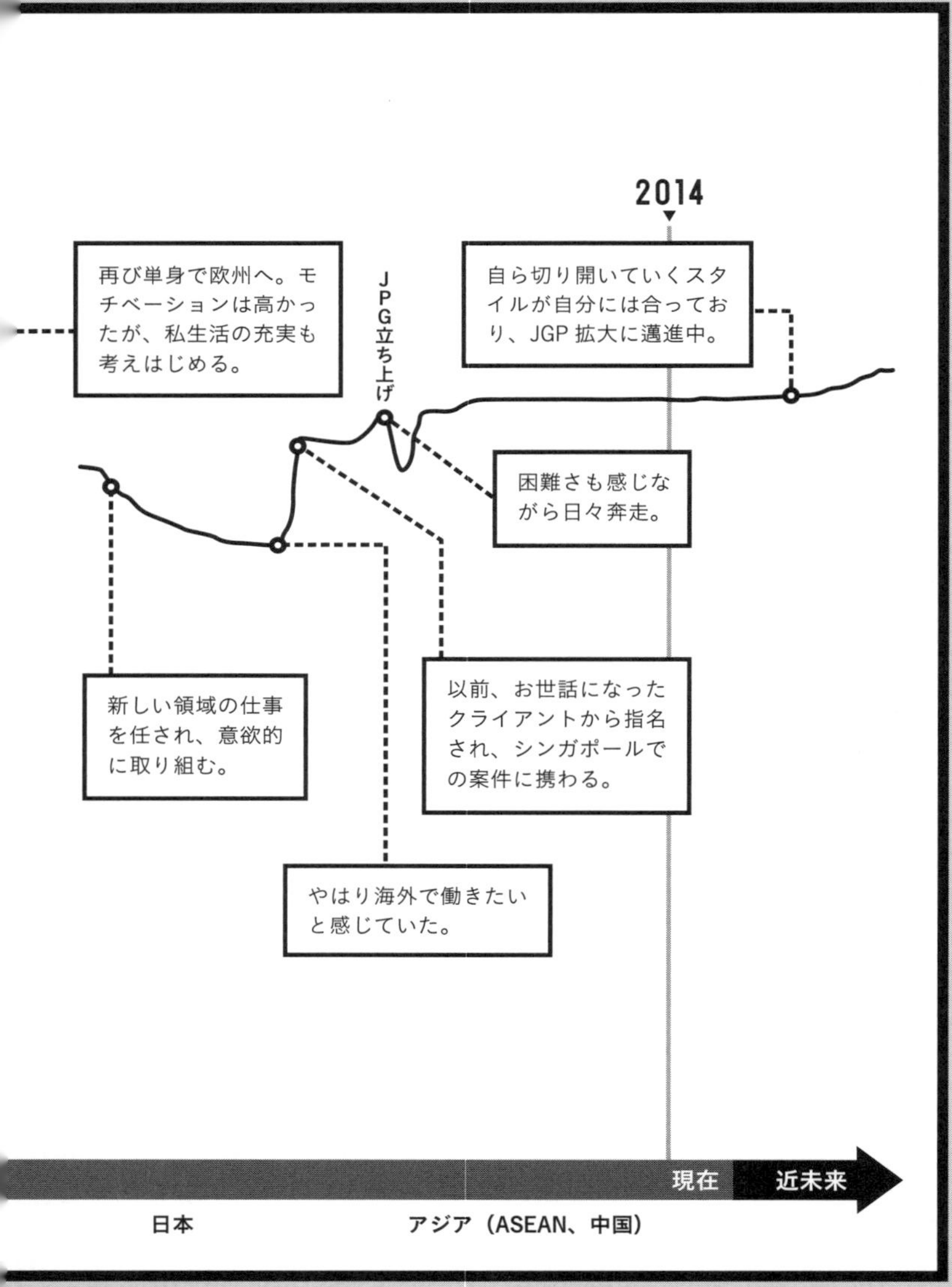
2014
再び単身で欧州へ。モチベーションは高かったが、私生活の充実も考えはじめる。
JPG立ち上げ
自ら切り開いていくスタイルが自分には合っており、JGP 拡大に邁進中。
困難さも感じながら日々奔走。
新しい領域の仕事を任され、意欲的に取り組む。
以前、お世話になったクライアントから指名され、シンガポールでの案件に携わる。
やはり海外で働きたいと感じていた。
現在
近未来
日本
アジア（ASEAN、中国）

川辺義之 モチベーション曲線

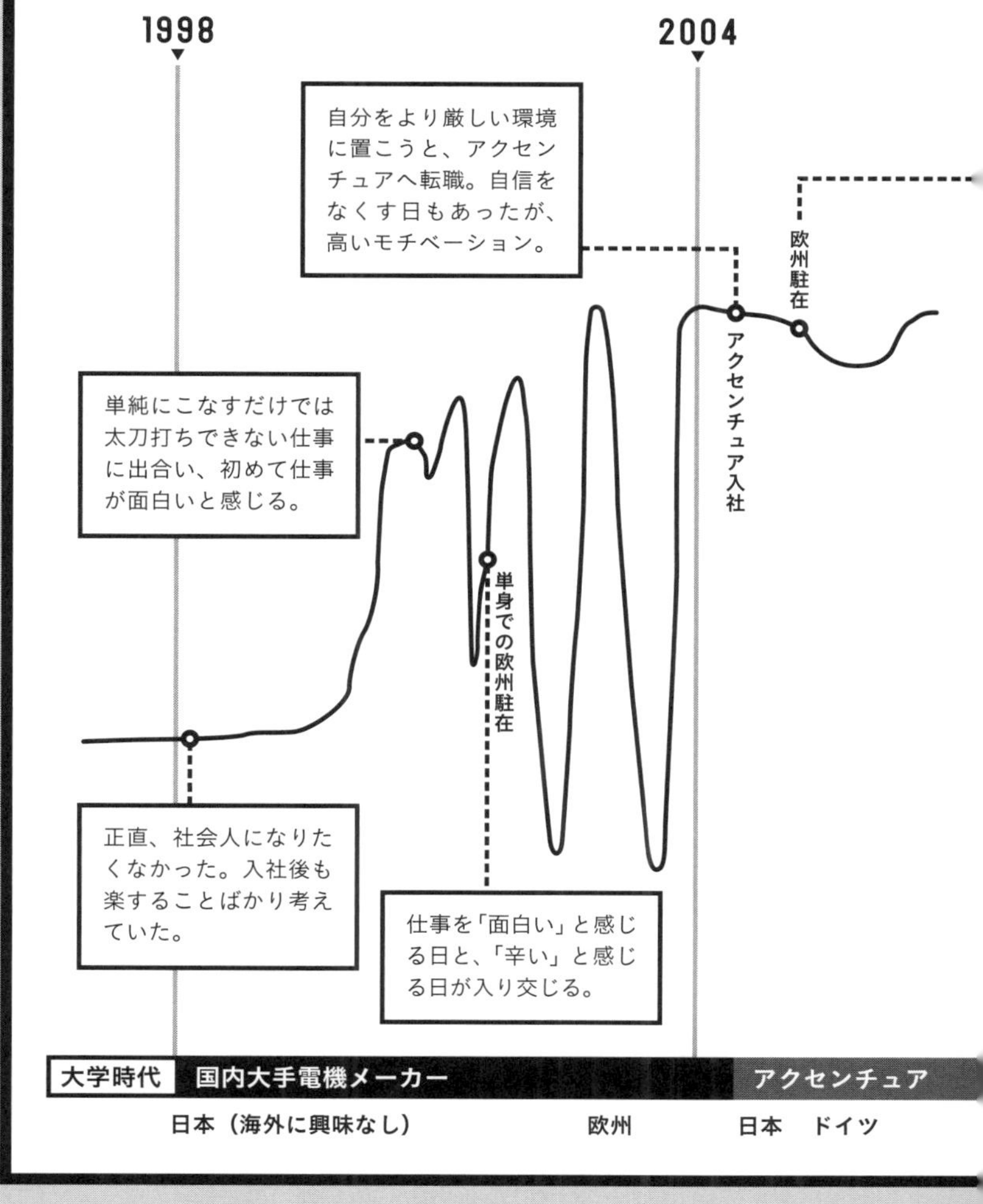

人生の歯車がカチリ、と動いた海外勤務

「枚数が多くて恐縮です」。取材前の挨拶。名刺交換の際、川辺義之はこんなことを口にする。一瞬、なんのことか分からなかったが、手渡された名刺の肩書を見て得心した。

〈通信・メディア・ハイテク本部　マネジング・ディレクター〉

電機、半導体など、ハイテク業界の企業に対して、基幹システムの導入や業務プロセス改革の立案・実行支援が主な職務だという。名刺は他に3枚あり、1枚はシンガポールオフィスのもの。もう2枚は北京オフィスと上海オフィスのものだった。川辺は日本語、英語、中国語を合わせ、合計4種類の名刺を持ち、その肩書には、

〈JGP APAC Director〉

とある。**ＪＧＰは「Japan Globalization Platform」**の頭文字をとったもので、アクセンチュアの海外オフィスと連携し、日系企業の海外進出をサポートする組織。拠点はシンガポール、北京、デリー、上海、オーストラリア、香港。現地駐在の日本人スタッフが中心となり、戦略コンサルティングからシステム開発・導入、人材調達、アウトソーシング等々の幅広いサービスを、地域横断的にワンストップで提供している。

川辺は、ＪＧＰのアジア地域の活動を統括する立場だが、そもそもＪＧＰは、川辺から

アクセンチュアの経営トップへの提言をきっかけに具体化されたものだった。拠点としているシンガポールを中心に、ＡＳＥＡＮ諸国、中国など、システム手帳なみのブ厚さに増刷されたパスポートを手に、１年の大半は海外を飛び回っている。日本に帰国するのは四半期に１、２度。滞在はわずか数日間。そんな川辺の姿は、「グローバルに活躍するビジネスパーソン」そのものである。ところが、「学生時代は海外で働こうなんて考えは微塵もありませんでした」と、本人は笑う。

「就活時もそんな意識はなく、新卒で入社した国内メーカーでも、一人のエンジニアとして、目の前の仕事を効率よくこなすことだけを考えていましたね。入社３年目に海外のプロジェクトに関わることになりますが、あれがキャリアの転換点でした」

「川辺を使いたい」。国内メーカー在職時代に、別のプロジェクトで一緒だった先輩から指名されたことで、人生の歯車がカチリと、少しだけ動いた。認められたことは素直にうれしかったが、当時、海外経験は１週間程度のハワイ旅行だけで、英語力は高いとはいえなかった。「漠然とした恐怖感もあった」という。

「指名してくれた先輩の期待には応えたいけれど、こんな自分が果たして海外でやっていけるのか。それが正直な気持ちでした。ＥＲＰ（統合基幹システム）パッケージソフトウエアをヨーロッパ各国に導入するプロジェクトで、当初は一緒に行動する日本人スタッフも多く、ドイツと日本を出張ベースで往復していました。少しずつ日本人が減り、やがて私と私を指名してくださった先輩の2名だけになり、ある日、渡された航空券が片道切符。そこでハラをくくりました」

結局、このプロジェクトでドイツに2年、長期出張ベースで滞在したスペインとフランスを合わせ、合計2年半の海外勤務を経験することになる。2年半で、仕事に対する意識は微妙に変わっていった。日本では、大勢のスタッフのなかの一人だったが、海外ではある程度の裁量を与えられ、マネジメントも経験した。そして、指名された海外勤務で少しだけ動いた人生の歯車を、今度は自分の手で、大きく動かす決断をする。転職である。

実はヨーロッパ駐在時代に、川辺とアクセンチュアの間には接点があった。

「チーム重視」の雰囲気に新鮮な驚き

「プロジェクトのなかで、日本のアクセンチュアから来ているスタッフと関わることがありました。年齢は私よりも若かったと思いますが、正しいと思ったことは経営陣に対しても堂々と意見をぶつける。最初は『生意気な奴だな』と思いましたが、話してみると、プロジェクトに関して広く深く調べているし、個人的にかなり勉強していることも分かった。それも**やらされているのではなく、楽しんでいるようにも見えた**んですね。自分と同世代の若者を、ここまで仕事に夢中にさせるアクセンチュアは、どんな会社なのだろう。そんな興味を持ったことも、転職の一つのきっかけになりました」

キャリアについての考え方も変わっていた。ヨーロッパで行っていたのは企業の統合基幹システムの開発、導入のコンサルティングがメインだったが、経営戦略に関わるような上流提案にも携わりはじめていた。そんな経験を基に将来を考えた時、浮かんだのが**「日系企業において、日本の本社と海外現地法人の橋渡し的な存在になること」**だった。そして、戦略にもＩＴにも強い、グローバル規模のコンサルティングファームに絞り、転職活動を行った。

海外勤務で芽生えた自信と経験を他の場所で試してみたい。そんな思いと、前述した若いコンサルタントへの興味が重なり、川辺は28歳の時にアクセンチュアへ転職する。最初のプロジェクトは、転職前に所属していたメーカーの欧州関連会社で、各国の拠点にＥＲＰパッケージソフトウエアを導入するというものだった。立場や求められる役割は大きく変わったが、導入するパッケージソフトウエアや導入手法など、これまでの経験を生かせる部分も多かった。また、現地スタッフ（開発ベンダー）にも以前一緒だった人がいた。

「せっかく転職したのにと、最初は戸惑いましたが、自分が最もよく知っている分野には間違いないので、仕事にはすんなり入っていけました。まずは、慣れたところで経験を積ませる。会社にはそんな思惑があったのかもしれませんが、入社早々、クライアントとヨーロッパへ渡り、何度か出張で往復した後、ある日渡されたのはまたしても片道切符。まさに〝いつか来た道〟でした」

アクセンチュアに対して、川辺は「完全な実力主義であり、同じ会社のメンバーといえどもライバル意識が強い」。そんなイメージを抱いていたが、働きはじめてすぐ、入社前のイメージと実際の現場は違うことに気づいたという。

実力主義であることに変わりはなく、年齢を問わず、相手が先輩でも自分の主張をぶつける緊張感はあった。しかし、**激しく議論した後でも、方向性が定まればベクトルを合わせ、目標に向かって力を合わせる。「チーム」としてのまとまりを感じた**のだ。

「前の会社では、自分の能力を駆使して勝負するのが当たり前だと思っていたし、部下を育てるという発想も薄かった。コンサルティングファームは、さらに徹底しているのかと思っていたら、アクセンチュアは逆で、**チームで成長していこう、価値を提供していこう、成果を上げていこう、という意識が浸透しています**。これは意外でした。

ただ、アクセンチュアにはアクセンチュアのやり方があり、私には私なりの経験や考え方がありました。どう折り合いをつければいいのかなとも思いましたが、プロジェクトに入ると、私の意見もちゃんと聞いてもらえるし、**私流にアレンジした進め方をしても、それで結果がよければ評価される**。プロジェクトリーダーが、意識して私の発言を求めてくれる場面もあり、あれこれ考えていたことは杞憂に終わりました。もちろんその分、言葉に責任を負わなければいけませんが、私にはとてもやりやすく感じましたね」

約1年半の欧州駐在を終え、帰国したのは2006年の秋。それからしばらく、川辺は自らの希望もあり、日本国内で勤務することになる。結婚はしていたものの、お互いに仕事で忙しく、離れて暮らす時間の長かった細君と相談してのことで、やがて第一子を授かる。父親という新たな責任を負うことになった川辺だが、真摯に仕事に向き合う一方で、心のどこかに、「海外勤務への思い」はくすぶり続けていた。

グローバルの知と知の摩擦から生まれる新たな価値

「特に不満があったわけではありません。帰国後は国内であるメーカーの組織・業務改革のプロジェクトに携わりました。転職後も、以前所属していた企業向けのプロジェクトを担当していたため、初めて別の企業に触れることとなり、違う経験や価値観を持つ人との接点も生まれました。でも、うまく言えませんが、スピード感が違う。誤解を恐れずに言えば、日本は『時間がゆっくり流れている』と感じたのです」

その流れに慣れてしまうと、次に海外へ行った時に戸惑うかもしれない。それに、海外でやっていた時のほうが「自分らしくいられた」とも感じていた。そんなある日、以前、国内で参加したプロジェクトの、あるクライアントの担当者からの1本の電話で、人生の歯車が再度、大きく回りはじめる。

「『今度、シンガポールで新しいプロジェクトを立ち上げる。これを**川辺君に頼みたい**』そう言われました。『川辺君に』と言われれば、もちろんうれしい。ただ、現在進行形で関わっている案件もあるので、私の一存では決められません。上司に相談すると、『**指名されたのならやるべきだ**』と言われたので、アクセンチュアのプロジェクトとして進めていくことになりました」

ただ、そのプロジェクトは一筋縄ではいかないものだった。内容は、シンガポールを拠点に、アジア全体の共通基幹システムを開発・導入するとともに、経理などの間接業務の集約センターを立ち上げること。それまでの経験とスキルを最大限に発揮できるものだったが、問題はスケジュールにあった。規模、技術的な要件を踏まえると、常識的には1年半から2年かけるのが妥当なプロジェクトを、10カ月で完成させたいというのが、クライアントの意向であり、課せられたミッションだったのだ。

アクセンチュアには、**世界中のオフィスをネットワークでつなぐ、社内SNSがある。日本にいても、北米、ヨーロッパ、地球の裏側である南米まで、全世界の社員と簡単に意見交換、情報収集できるコミュニケーションのプラットフォーム**だ。川辺は、自分に課せられた難度の高い課題を解決する糸口を見つけるため、世界中のアクセンチュアの専門家たちに相談を投げかけた。多くはスケジュールの再調整を勧めるものだったが、インドのメンバーからこんなメッセージが届いたという。

「リスクは高いけれど、もし成功したら、いままで誰も体験していないノウハウが得られるかもしれない。挑戦するなら、喜んで力を貸すよ」

結局、インド、シンガポール、タイのスタッフを中心にチームを編成し、川辺はプロジェクトのリーダーとしてシンガポールに飛んだ。

「これもアクセンチュアの企業文化を象徴する事例だと思います。世界中の社員をSNSのようなプラットフォームでつなぐのは簡単ですが、問題は、どれだけの情報が共有されるか。**アクセンチュアの社員は、自分の経験やナレッジを出し惜しみすることがなく、相談や悩みを一つ投げかけると、翌日には世界中から何百ものメッセージが返ってきます。**そうやって、顔も知らないメンバーとコミュニケーションが取れ、共感し合えれば、次のプロジェクトに国境を越えて参加してもらうこともできる。知と知の摩擦から、どんどん新しい価値が生まれる柔軟さとダイナミズムは、私が最も好きな部分でもあります」

自分は何で世界と勝負するのか

川辺のキャリアは、人との出会いによって大きく動き出すことが多いようだ。シンガポールで、ある企業の現地法人社長と会食していたときのこと。「アジアに進出する日本企業はたくさんあるのに、どうしてアクセンチュアは仕事をしに来ないのか」と聞かれた。もちろんシンガポールにもオフィスはあるが、現地スタッフと、一部の欧米の社員が中心で、日本人はいない。現地に進出した企業は現地のオフィスが支援するのが一般的だったからだ。

「この社長の言葉で、新しいビジネスのシーズが見えてきました。日本企業は特殊です。多くの場合、日本語のコミュニケーションが求められ、日本本社の意向が現地の意思決定を大きく左右する傾向があります。それに、日本国内では大企業でも、現地法人はいわば〝中小企業〟であり、十分なサービスを提供できているとはいえなかった。とはいえ、日本からアジアへの進出はどんどん増えているのですから、日本のアクセンチュアとして何か手を打たないと、グローバル化という変化の波に乗り遅れてしまう。そう考え、日本人

上／ASEAN のリーダーシップ向けワークショップで、シンガポールオフィスのメンバーと共に。隔週でシンガポールのマネジメント陣、四半期ベースで ASEAN のマネジメント陣と案件や商材に関する情報共有をしている。下／アクセンチュアのアジアでの戦略拠点、JGP（Japan Globalizaitoin Platform）の重要さを訴える川辺。今後は若手の人材育成の場にもしていきたいと言う。

のスタッフがアジアに常駐し、日本の企業を支援する仕組みを新たに立ち上げることを社内で提案しました」

　こうして誕生したのがＪＧＰである。川辺がこだわったのは、出張ベースではなくアジアに拠点を置くこと。それは川辺自身がシンガポールに駐在し、肌で感じた経験に基づいている。例えば、新しい事業を立ち上げる拠点として、カンボジアとミャンマーとラオス、どこがいいかを問われたとする。日本にいると、三つの国は同じ地域にあり、ひとくくりにしがちだが。

「三つの国は、歴史も文化も、民族性も商習慣もまったく異なります。そしてそれぞれ複雑なものです。私は街を歩き、市場をのぞき、人々と話しながらそれを痛感しています。そうした見方ができなければ、最も効果的なサービスを提供することはできないのです。その土地に根を張っている人間だと認めてもらえれば、仕事はうんとしやすくなる。現地駐在している各企業の役員の方々ともとても近い存在でいられます。

　日本では面会のアポイントメントを取るのに、秘書経由で２週間先にやっと30分の時間を得られるような方々に対して、直接電話をしたり、また向こうからかかってきたりもする。『これから会えますか？』と言えば、『じゃぁ、仕事が終わったら食事でも取りながら話そう』と、２時間でも３時間でもじっくりと会話をする時間を得られる。だから出張ベースではなく、ある程度の覚悟と使命感を持ったうえで常駐する必要があるわけです」

覚悟を決めた川辺は、いま、シンガポールに家族を呼んで、プライベートとビジネスの拠点を置き、アジア中を飛びまわる日々を送っている。その川辺に「グローバルに活躍できる人材に求められるものは何か」という、ストレートな質問をぶつけてみた。

「学生のイメージでは、英語でスマートにコミュニケーションするのがグローバル人材かもしれませんが、それは表面的な部分にすぎません。**いくら流暢に英語を話せても、内容に説得力がなければ評価されない**からです。説得力の背景に何があるかといえば、**経験とスキル。何かに秀でた個性や、これだけは人に負けないという武器を持っているかどうか。**国内でも同じですが、海外では特に、世界中から個性的な人材が集まるため、**『自分は何で世界と勝負するのか』を明確に持っていることが重要**になります。もちろんある程度の英語力があってのことですが」

川辺の場合なら、前職から一貫して携わってきた、基幹システムの開発と導入のスキル。そして、ヨーロッパやアジア駐在で得た経験、人的ネットワークだろう。また、**多様性を受け入れる、奥行きのある精神も求められる。**欧米のような先進国は、ビジネス上の共通言語も多く、仕事は進めやすい。その一方で、プライベートでもビジネスでも自分たちのスタイルを譲らない、頑固な一面もある。

アジアは真逆で、渾沌。世界中のいろんなものを吸収しながら日々変化を続けている。その**渾沌や変化を柔軟に受け入れ、楽しめるかどうかが、ビジネスを成功させるための重要なカギ**だ。成長著しいアジアは、今後の日本経済の生命線ともいえる重要な市場である。そのアジアでビジネスを展開する魅力を、川辺はこんなふうに語った。

「古いものと最新のテクノロジーが混在するところに、とてつもないエネルギーが感じられます。例えば先進国では、テレビは白黒の時代からカラーになり、やがて薄型となり、いまは4Kの時代です。電話も、固定から携帯電話を経て、スマートフォンへ。テクノロジーの進化は急速だが、ある程度過去の延長線上に現在があるといえます。

ところがアジアの新興国は、昔ながらの生活空間に、ある日突然、液晶テレビやスマートフォンが入ってくる。先進国が時間をかけてたどった道を、ほんの一瞬で飛び越えてしまうのです。スマホを手にしたものの、家に電気が来ていない人もいるなど、とにかく変化が急で、躍動的で、エネルギーに満ちている。次に何が起きるのかを予測するのは難しいのですが、そのぶん刺激的で、やりがいも大きい市場だと思います」

ASEANや中国に拠点をつくろうとするとき、市場調査に1年もかけていれば、状況は大きく様変わりしてしまう。まず行動に移し、トライアンドエラーを繰り返しながら完成度を高めていく。失敗を恐れない意思決定と、極限のスピードが求められる現場であり、肌がヒリヒリするような緊張感に包まれるぶん、成功したときの達成感は格別だ。

では、プライベートは？　文化、言語の異なるシンガポールを拠点にした家族との生活について聞いてみた。

「慣れない土地で、現地の友達の輪の中に入ろうとしている息子（渡航時4歳）も、最初は言葉が通じず苦労していました。もともとは引っ込み思案な性格でしたが、自分から新たな世界を切り開いていかないと楽しめないと息子なりに考えたようで、日本のオモチャを持って輪の中に飛び込み、必死に興味を引き、いつの間にか友達になってお互いの家を行き来するまでの仲になっていました。7歳になったいまでは行動や振る舞いもずいぶんと変わり、新しく出会うさまざまな国の子どもたちに対しても自ら積極的に声をかけ、すぐに打ち解けていく姿にたくましさを感じています」

子どもも日々、必死になって成長している。大人が学ぶべき点は多い、と川辺は言う。

成長している実感をバネに次のステップへ

さて、ここに至るまでの川辺のキャリア形成のなかで、アクセンチュアというプラットフォームはどんな意味を持つのだろう。

「**アクセンチュアはチームを大切にし、若い社員を育成するための環境も、トレーニングプログラムも用意されています。また、国境を越えて経験やナレッジを共有し、新しい価値を生み出そうとする企業文化が根づいています。**キャリアを築くという意味では、理想的といえる場かもしれません。ただ、一つ強調しておきたいのは、**その場にいるだけで、キャリア形成が保障されるわけではない**、ということです」

川辺は「オーナーシップ」という表現を使った。言われたことを、言われたままにやるのではなく、もっといい方法、質の高いアウトプットを生み出す方法はないのかを常に考える。目の前の仕事に真剣に向き合い、相手が期待する以上の成果を出す。**オーナーシップを持って仕事に取り組み、成果を積み上げて初めて、自分のやりたい仕事にチャレンジする資格が得られる**のだ。海外勤務にしても、それまでに十分な成果を出していない人間が手を挙げても、チームのメンバーには加えてもらえないだろう。オーナーシップを持って経験を積み、スキルを磨き、「アイツと一緒に」と思わせるものが自分自身にあるか。そこが肝心だ。

「**オーナーシップを持って仕事に向き合える人にとって、アクセンチュアは『自己実現のプラットフォーム』として機能する**と思います。結果を出せば、年齢に関係なく正当に評価され、世界中からの協力も得られるようになる。スケジュールも、チーム編成も自分で差配できるようになれば、もう一段階上の仕事の醍醐味も体験できるようになる。もちろん厳しい面もありますが、挑戦しがいの大きさは、私が身を持って感じてきました」

多種多才な人材が揃うアクセンチュアでも、海外を拠点とするビジネスを提案し、自らリーダーとして陣頭指揮を執る川辺のようなキャリアは、そう簡単に築けるものではない。それは本人も自覚しており、今後は自分の経験を基に、後に続くグローバル人材の育成にも大きく関わっていきたいと考えている。

「以前、グローバル規模で行われる社内の次代リーダー育成プログラムに参加した時のことです。ふと気づくと、講師に日本人が一人もいませんでした。もちろん、プログラムはすべて英語ですが、一人もいないのは寂しい。その時思ったのは、日本のオフィスからグローバルのリーダーを育てるにはどうしたらいいのか、ということでした。グローバル人材を育てるといっても、一朝一夕にはいかないし、希望者がすべて海外での勤務を経験できるわけではありません。そこで、海外との接点を増やすプラットフォームとして、JGPのさらなる整備を進めていきたいと考えています。アジアの既存拠点に駐在し、経験を重ね、スキルを磨き、次世代のリーダー候補をたくさん育てていきたいですね。

JGPという型はできたので、今後は受け入れる規模を大きくし、そこで経験を積んだ次世代リーダーにシンガポールや中国を託し、自分は新たな地域の開拓を進めていきたい。南米やアフリカなど、今後、日本企業の進出が加速する地域は世界中に存在していま す。日本企業の応援団であるＪＧＰを、グローバル規模に拡大させる長期ビジョンを描き はじめているところです。家族との時間も大切にしながら、まだまだしばらくは、海外で の勤務を続けていきたいと考えています」

川辺にとっての自己実現とは、単に海外で働くことではなく、輝かしいキャリアを重ね ることでもなく、成長している実感なのだろう。**自分という存在をアクセンチュアという プラットフォームに置き、さまざまな人と出会い、プロジェクトを経験することで、絶え ず成長の手応えが感じられた。**チームのマネジメントを行うようになってからは、部下や スタッフの成長、そして組織の成長にコミットする視点も生まれた。ＪＧＰで日本企業の グローバル進出を支援したい。自分に続くグローバル人材を多く育てたい。ＪＧＰの成果 を世界のアクセンチュアに知らしめ、グローバルで日本のプレゼンスを高めたい。

やりたいことが山積みの川辺は未だ、自己実現という、終わりのない旅の途中にいる。

データサイエンティストとして日本の復興と再生のために力を尽くしたい。その思いを「古巣」がかなえてくれた。

Person 02

3・11を機に、米国でのキャリアを捨て「復職」を果たす

アクセンチュア アナリティクス
日本統括マネジング・ディレクター

工藤卓哉 Takuya Kudo

1974年生まれ。慶應義塾大学を卒業しアクセンチュアに入社。コンサルタントとして活躍後、コロンビア大学国際公共政策大学院で学ぶため退職。同大学院で修士号を取得後は、ブルームバーグ市長政権下のニューヨーク市で統計ディレクター職を歴任。在任中、カーネギーメロン工科大学情報技術科学大学院で修士号の取得も果たす。2011年に帰国し現職に。

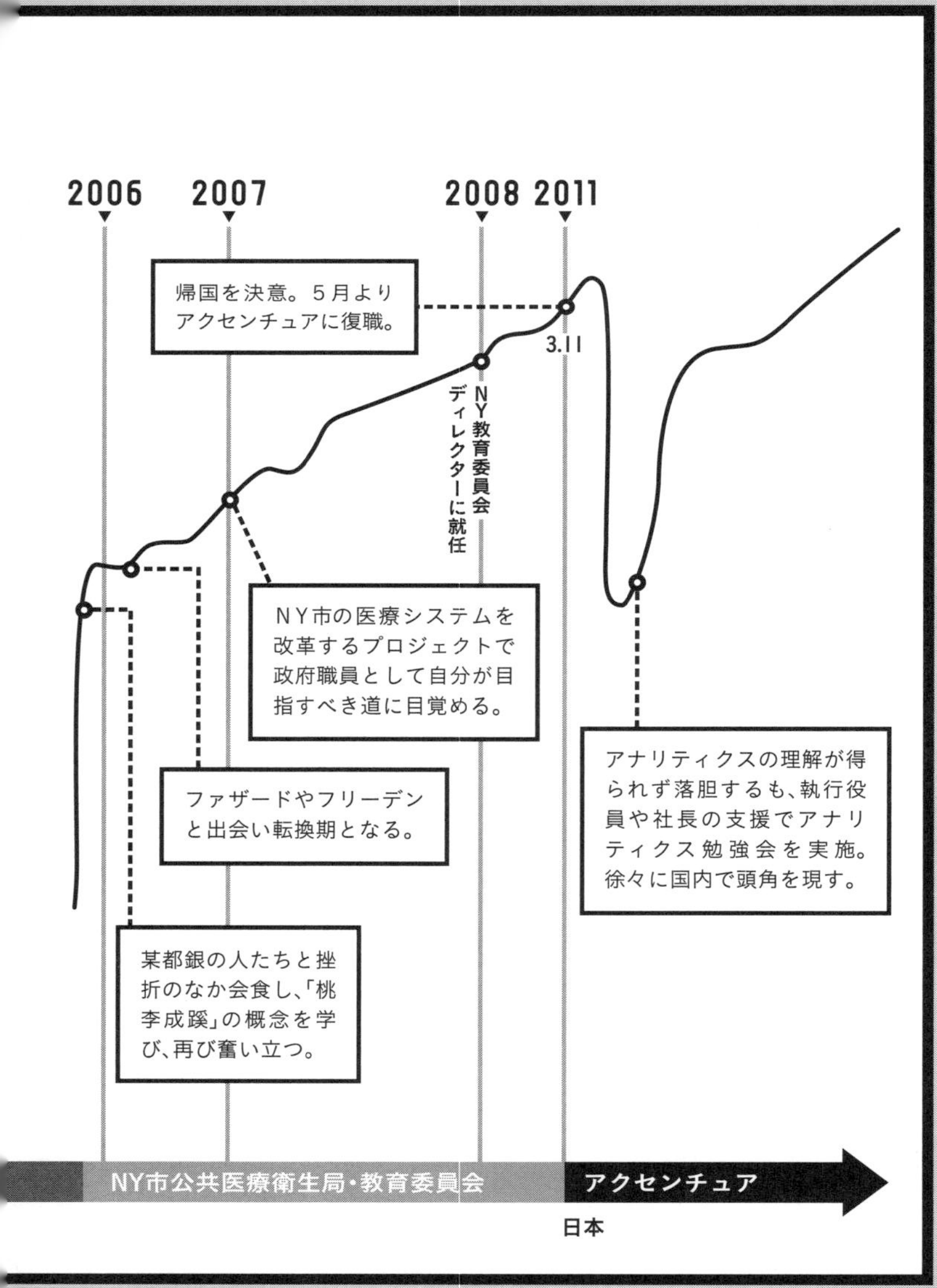
2006
2007
2008
2011
帰国を決意。5月より
アクセンチュアに復職。
3.11
NY教育委員会
ディレクターに就任
NY市の医療システムを
改革するプロジェクトで
政府職員として自分が目
指すべき道に目覚める。
ファザードやフリーデン
と出会い転換期となる。
某都銀の人たちと挫
折のなか会食し、「桃
李成蹊」の概念を学
び、再び奮い立つ。
アナリティクスの理解が得
られず落胆するも、執行役
員や社長の支援でアナリ
ティクス勉強会を実施。
徐々に国内で頭角を現す。
NY市公共医療衛生局・教育委員会
アクセンチュア
日本

工藤卓哉 モチベーション曲線

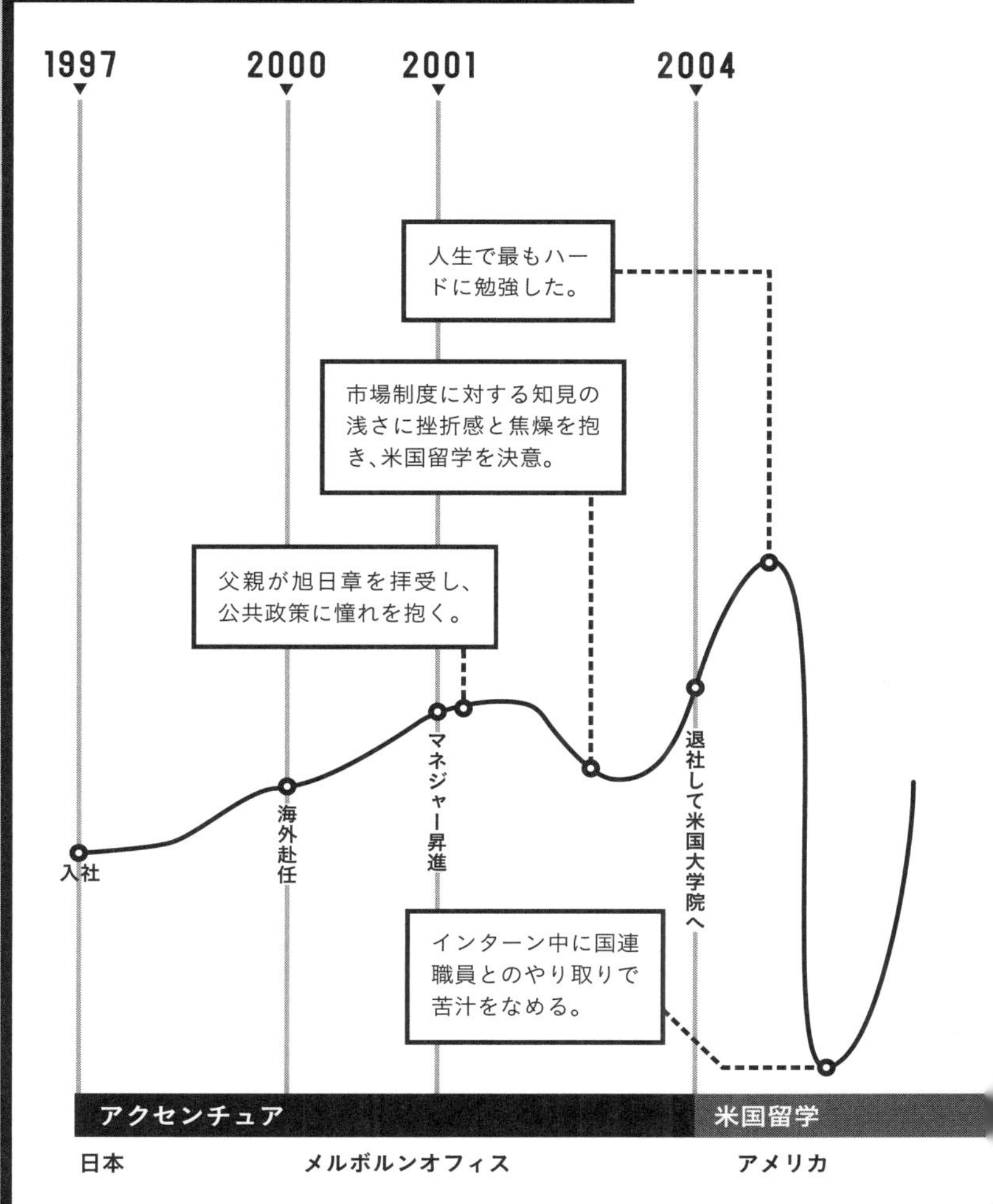

大量のデータから未来の輪郭を描き出す仕事

アクセンチュアのアナリティクスグループを率いる工藤卓哉は、高度な統計手法とＩＴを駆使し、隠された真実をあぶり出すアナリティクスのプロであり、**日本におけるデータサイエンティストの草分け的存在**だ。現在、彼のチームが抱える顧客は民間企業から官公庁、地方自治体にいたるまで幅広い。業種や規模、依頼内容も多岐にわたる。

「税金滞納者の督促反応予測、不正検知モデルの構築や、他行借り換え確率が高い融資案件のパターン検知、ゲノムや検診データを通じた発症防止につながる生活習慣の特定、また、街中のセンサーデータを組み合わせた送客に結びつく街頭広告の選定や、救急車の出動データと受け入れ先病院の保持データとのマッチングから可能な限り早く患者を搬送するための施策を考えることもあります」

データアナリティクスに求められる課題は実にさまざまだが、工藤らメンバーの取り組み姿勢は一貫している。

「**私たちが果たすべき役割は一つ。見える成果を出し、社会貢献をすること**です。分析はその一部にすぎません。１秒を争う患者の搬送先を、膨大なデータを基に迅速に特定できれば、人の命を救うことに貢献できるわけです」

いまや大量のデータから未来の輪郭を描き出すデータサイエンティストは、企業から引く手あまたの状態だが、しかし現実は、実態から乖離して理解されている部分が多いと工藤は感じている。

「2012年にHavard Business Review誌で『データサイエンティストは21世紀で最もセクシーな職業』といわれ、それが流行ったこともあって、華やかなイメージで見られることが多いのですが、実際は地道な仕事です。分析の〝ノイズ〟を取り除くための緻密な作業に長い時間を費やしたり、欠損が多くて使い物にならないデータを補うため、実践に耐えうる検証過程を経て、統計量を補完することも少なくありません」

現場でよくある失敗が、統計有意性があるから正しいという結論だ。実務はそれでは動かせない。同時に影響度を見る。それが時には貢献利益額だったり、政策制度の与える公益インパクトだったり。**データサイエンティストの職務を突き詰めていえば、こうした地味な作業の連続を着実にこなしながら、分析力を軸に経営課題の解決や、政策制度設計の非効率性や負の外部性の解消を達成することにある。**

「私の部門では、統計や機械学習の専門能力をコアに身につけながら、常に業界別の専門性を磨き、時事問題や政治経済全般の情報に耳を研ぎ澄ます努力をしなさいと伝えています。多能専門性のコモディティ化は非常に難しい。これが、我々が市場で価値を提供し続けるために必要な姿勢なのです」

いまでこそ日本有数のデータサイエンティストとして、広くその名を知られる工藤だが、こうしたレベルにたどり着くまでには幾多の紆余曲折を乗り越えねばならなかった。ここで、今日に至るまでの彼の約10年を振り返ってみたい。

アクセンチュアを辞め、単身ニューヨークへ

２００４年、工藤は7年間勤めたアクセンチュアを辞め、ひとりニューヨークに来ていた。コロンビア大学ラモントドーティー地球研究所（The Earth Institute）で、情報の非対称でノーベル賞を受賞したジョセフ・スティグリッツ博士らから、環境自然科学を、外部性経済などの国際公共政策学を融合させて学ぶためだ。

工藤が参加した「Environmental Science Policy プログラム」は、専門職学位の一つである行政修士（Master of Public Administration）のなかでも、とりわけ理系色が強いことで知られていた。卒業生の多くは国連やＮＡＳＡなどの理系の高等研究機関に就職することでも有名だ。ラモントドーティー地球研究所を率いるジェフリー・サックス博士の「政策をつくる側に科学的な知見がなければ、政策制度設計を誤る」という信念が色濃く

反映されている。そのため、自然科学学部の単位を必須科目として取得することが義務づけられている。

「アクセンチュアで7年間、企業コンサルティングに携わってみて感じたことの一つに、**政策立案や市場制度設計に通じていなければ、本当の意味で事業戦略を立てることはできない**という思いがありました。政策を立案する側への理解がなければ、行政へ改善の働きかけを行うことすらできないからです。そんなとき、膨大な科学データから政策を紡ぎ出すプログラムがコロンビア大学にあることを知りました。

実は子どもの頃から、地域の防災活動や慈善事業に飛び回っていた父の背中を見て育ち、そんな父を誇りにしてきました。父が激甚災害の指揮官となって救命活動に従事し、その功績で天皇陛下より旭日章の叙勲を受けたことを機会に、自分も留学して公共の道に進もうと決心を固めたんです」

当時、プロジェクトマネジャーを務めていたが、工藤は自分を追い込んだ。朝は5時に起き、夜は2時に就寝。わずかな時間を見つけては効率的に勉強時間に充て、留学準備を進めた。そして決意から半年後、会社を辞めアメリカに渡る。しかし、渡米後の生活も想像以上にハードなものとなった。各国から集まった選りすぐりのクラスメートたちに囲まれながら、日曜を除く週6日間、朝8時半から夜8時まで続く講義、その後深夜まで続く議論と勉強漬けの日々を送ることになる。

「私は文系出身ですが、実は理系科目で大学受験をしていて、物理や数学は得意でした。ただ、しばらく化学は使っていなかったので焦りました。気候変動のコアとなる水質学などは応用化学だったのです。そして当たり前ですが、英語での授業なので議論の場では追いつくのがやっと。レポート提出が重なれば休みどころではありません。人生のなかで最も過酷で、頭を使った時期でした（笑）。それでも学ぶことに飢えていたので、本当に刺激的な1年を過ごすことができました」

研究テーマは、南米の太平洋沿岸で発生する南方振動が引き起こす大気海洋交互作用、一般にエルニーニョ／ラニーニャ現象として知られる気象現象。観測データや、大気汚染の拡散シミュレーションによって得られた結果から、いかに有効な政策を設計するかというものだった。学問分野は、公共政策のほか、ミクロ経済、応用統計学、地球環境や毒物学（応用化学）、水質学、気象学など広範な領域にわたる。工藤は貪欲に単位を取得して、年間履修単位は実に52にも及んだ。

「通常アメリカでは2年で30単位前後取れば修士号が取れます。でも、2年もかけてそれでは手ぬるいと思ったので、1年で取れる最多の52単位を取りました。それだけ苦労して修士号を取得したのですから、卒業後はすぐに政府機関か公共機関で働き口が見つかると思っていました。ところがニューヨークは激戦区で、100以上のポストに応募したのですが、最終面接まで進んだのはたったの三つ。卒業から半年経ってもインターンしか決まらないという暗澹たる状況で、さすがにへこみました」

これではせっかくフル単位で取得した修士号も、絵に描いた餅に過ぎない。コンサルタント時代に貯めた留学資金も底を尽きかけていた。

「どうすればいいのか……」

苦悩の日々の始まりだった。

「大学院を修了した直後に国連でインターンをしていたことがあったのですが、その時、出向で来ていたある日本人官僚の言葉に、唖然としたことがあります。彼は私の経歴を知るなり、こう言ったのです。『ビジネスコンサルがなぜ公共政策なんか……。もう諦めて自分の得意なビジネスの世界に戻ればいいのに。自分が着任できるところで勝負したほうが楽だよ』って。

ショックでしたね。給料をもらいながら出向で来ていて、英語もそんなにできるわけではない人に、そう言われたからといって『はい分かりました』と素直に引き下がれるはずはありません。このひと言で火がついて、『こんな奴に負けられるか。意地でも日本に帰らないぞ』と心に決めました」

一方で、救いの言葉を投げかけてくれた人もいる。事態がなかなか好転しなかったある日、工藤を案じたコンサルタント仲間が、邦銀のニューヨーク支店に勤務していた日本人幹部数人との会食に誘い出してくれた。幹部の一人が工藤にこう語りかけた。

「つらそうですが、もう少しチャンスを待ってみたらどうですか？　社費留学でぬるい社員が多いなか、あなたのような骨のある方を日本社会は応援すべきだと思います。もし本当にダメならそのときは畑が違うかも知れませんが、うちの銀行に来るといい。きっと成功しますよ」

うれしさで涙が出そうになった。しかし、おいそれと甘えることもできない。

「来月の家賃を払ってしまえば貯金も底をつく。荷物をまとめて帰るしかないか」

工藤は、腹のなかで、そう覚悟を決めていた。ところが――。

その会食から約1カ月後、件の日本人幹部のアドバイス通り、工藤は〝**見ていてくれる人**〟に出会うことができたのだ。工藤に大きな転機をもたらすことになるその人物は、ニューヨーク市庁舎から工藤の携帯電話にメッセージを残し、彼からの折り返しの電話を待っていた。

突然のオファーと、驚くべきプラン

工藤の携帯電話にボイスメッセージを残したのは「モスタシャリ」と名乗る男性だった。当初、見知らぬ人物からの録音メッセージに当惑した工藤だったが、メッセージを聞き終わるまでの間に、彼はこの人物をよく知っていたことを悟る。グーグルで検索してみると、ITによる医療政策制度の改革者として知られ、ハーバード大学で教鞭を執っていた、あのファザード・モスタシャリ博士その人だったのだ。

当時は、名物市長ブルームバーグ政権下のニューヨーク市で、公共医療衛生局の副長官を務めており、その活躍ぶりは耳にしたことがあった。さっそく電話を掛けると、ファザードは次のように切り出した。

「大学院のウェブサイトに掲載されている君のプロフィルを見て興味を持ったんだ。今度ニューヨーク市が連邦政府から得た数十億円もの助成金で新しい政策プロジェクトを始める。来週ニューヨークで会わないか？」

「分かりました。いつにしましょう？」

面会の日取りだけを決める短い会話だったが、工藤にとって、かつてこれほどエキサイティングな予感をもたらす電話はなかった。翌週、ニューヨーク市庁舎の公共医療衛生局の一室を訪ね、未来の上司と対面することになる。

「アクセンチュアにいたそうだけれど、なぜあんないい会社を辞めて政策立案をやりたいと思ったの？」

勇んで来たものの、工藤は心のなかで「またその質問か」と思った。留学中、何度となく聞かれた質問だったからだ。だがすぐに気を取り直し、こう切り返した。

「理由は二つあります。ＩＴの活用があまり進んでいない行政分野は、最小のコストで最大の効率化が出せる分野だと確信していること。そしてもう一つが、外部性解消という公共政策ならではの使命に惹かれているからです。実をいうと、私の父親もずっと公共政策に従事していました」

これで分かってもらえるかという不安もないではなかった。理解してもらえなければ、それはそれで仕方ないと覚悟を決めていたという工藤だが、ファザードはひと言「Sounds good! I like your simple answer.」と笑って、驚くべきプランを明かしてくれた。

「データはけっして嘘をつかない。これからの政策だけではない。僕らのプロジェクトは分析抜きでは実現できない革新的な医療改革プロジェクトになる。もしこのプロジェクトがニューヨーク市で成功すれば、広く国民に平等な公共医療と予防医療を提供する先駆的な事例になるだろう。タク、私と一緒に働いてみる気はあるかい？」

この頃、ニューヨーク市公共医療衛生局は、増大する医療費の抑制と地域医療の質の向上を高めるというアクロバティックな目標を掲げていた。大風呂敷のようにも聞こえたが、高度なＩＴ基盤と統計データ、そして患者の受診データを基にすれば、それが可能になるのだとファザードは力説した。

「たとえば、血液検査の結果をペーパーチャートではなく毎分Ｈｂ《ヘモグロビン》Ａ１ｃ値を電子追跡することができれば、２型糖尿病の予備軍にも、発症群にも危険域に達する前に警告を出したりできるようになる。経過措置は微分値の粒度が重要だから、これは膨大なデータだ。それだけでこの国が糖尿病の治療のために費やしている１・３億ドル（２００５年当時）を大きく減らせるはずだ。診断予約や検査結果の電子ファイル連携、処方箋、診療報酬請求などを電子化して容易に管理できるようにすれば、クリニック運営の助けにもなる。インフルエンザのような感染症の流行をいち早くキャッチし、防疫体制を築くことも可能になる」

工藤はファザードの話にすっかり魅了されていた。しかも、工藤が医療分野について一般的な知識以上のものを持ち合わせていないことなど問題にする素振りも見せなかった。

「『君はＩＴと統計に造詣が深いのだから、そこから始めてくれればいい』と言われたのを覚えています。短い面会で私の専門性とポテンシャル、情熱を見抜いてくれたのです」

工藤は翌日、このオファーを受ける意思を表明し、正式に採用が決まった。あの短い電話からわずか1週間後のことだった。採用後、彼は医療政策長官トーマス・フリーデン（現オバマ政権下にある米疾病対策センター〈CDC〉の第16代長官）にも会っている。

東日本大震災を機に再び日本へ

ファザードが立案したこの地域医療情報化プロジェクトは、結果的にニューヨーク市の医療費の抑制と貧困地区の予防医療の推進に多大な成果を残した。工藤は公共医療衛生局での実績が評価され、今度はニューヨーク市教育委員会からの任命を受けて統計ディレクターに着任。市内の公立高校の学校長評価プラットフォームの構築を推し進め、公教育の質の向上にも貢献する。この一連の経験が、現在データサイエンティストとして活躍するための基礎を築いたのはいうまでもない。

「当時、私が所属していたデータサイエンティストチームはまさに多国籍軍の様相で、アメリカ人や日本人の私以外にも、インドや中国、ロシア、トリニダード・トバゴ、イタリアなどの出身者が多数在籍していました。彼らも私と同様、ファザードから『一本釣り』されるような形で採用され、フラットな組織構造のなかで働いていました。しかもほとん

上／学生に対してデータサイエンスが社会にもたらすインパクトについて講義を行うなど、後進の指導にも余念がない。下／本人は自らを「異端児」と言うが、米国での要職をなげうってアクセンチュアに再入社した動機と仕事への熱意は、職業人としての正鵠を貫いている。

どがアイビーリーグの修士号や博士号の保持者だったので、皆レベルが高く、ナンセンスな議論や変なプライドもありませんでした。

このチームの仕事で、私は、**最善のチームをつくるために大事なのは、高い専門性と信念がある人材を集めることであって、経験の有無や国籍、性別、年齢、上下関係は無関係**だと強く信じるようになりました。グーグルのProject Oxgenでも同じような結果が出ていますが、自分がリーダーとしてチームメンバーを選ぶ際にいまでも大切にしている教訓です。これが日本とアメリカの力の差なのです。多様性から謙虚に学ばなければいけない。そう思いました」

もう一つ学んだことがある。それは用意周到な〝根回し〟の大切さだ。

「時折『アメリカ人はトップダウンカルチャーだから、アナリティクスを大胆に導入できるんだろう。日本とは違う』と言う人がいますが、それは海外で仕事をしたことがない人の大いなる偏見と誤解ではないかと思います。私が関わったプロジェクトでは、医師会や労働組合とも誠意を尽くして話し合ったうえで実行段階に入りました。実力に加え、政治力がものをいうアメリカでは、上位層へ行けば行くほど、日本以上に根回しが必要とされます。私も時にはタキシードに蝶ネクタイをつけて、政界社交パーティーで政策を話し合うロビー活動も経験しました。

ニューヨークを見てください。あんな狭い土地で170カ国語が話されているんです。信じられないでしょう？ 日本とは比べ物にならないくらい多様性に富んでいますから、摩擦も多いがシナジー効果がとてつもなく大きい。多様な考えが入り交じる国で他人を説得しようと思えば、**データの正当性や正論を振りかざすだけではプロジェクトは絶対に成功しません。科学に基づいて立てた政策も最終的に動かすのは人。関係者の納得のうえに成り立つ**のは当然のことです」

工藤は年を追うごとにこうしたノウハウを積み重ね、その才能を開花させていく。2年後には有期職員から終身雇用職に昇格し、市政府の推薦を受けて数少ない給費奨学生にも選ばれた。働きながらカーネギーメロン大学大学院で情報技術修士を手にする好機と栄誉にも恵まれた。〝食費すら底をつく〟絶望的な時期とはうって変わり、誰もがうらやむ待遇を手に入れていたわけだ。

「ニューヨークで結婚し家族もできましたし、仕事にも十分満足していたので、このままアメリカで働き続けるものとばかり思っていました」

しかし、「あの日」が再び工藤の運命を大きく変えることになる。

あの日——。それはまだ肌寒い3月上旬のある朝のことだった。

「詳しい被害状況を知ったのはニューヨーク市庁舎に着いてからのことでした。友人から届いたメールで東日本の太平洋沿岸で大地震が起こり津波被害をもたらしているのを知ったんです。アメリカ人の同僚たちと食い入るようにCNNの映像を見つめていました」

静かな港町を巨大な津波がのみ込んでいくさまに工藤は慄然とする。さらに米原子力規制委員会（NRC）の公式見解により、福島第一原子力発電所で炉心溶融を想起させる深刻な事故が起きていることが明るみになると、悲しみは恐怖へと変わった。

「その一方で、不眠不休で行方不明者の捜索や救護活動を繰り広げる自衛隊員たちの姿や、わずかに残された食料や日用品を分け合い助け合う被災者の姿を見て心が揺れ動く自分がいました。あの**極限状態においてもなお他人を思いやれる日本人の姿を見て、何としても日本の役に立ちたいという思いが湧き上がってきた**んです」

それから間もなく、工藤は周囲を驚かせる決断を下す。ニューヨークに自宅も購入して8年弱在住し、長らく勤めたニューヨーク市当局に終身雇用職の退職届を出したのだ。

アクセンチュアを起点に日本の再生に貢献

「上司や同僚、友人はもちろん、アメリカ人の家族全員に反対されましたが、最後は『年齢的に日本に貢献できる最後のチャンスだ』と訴えて、なんとか納得してもらいました」

そうはいっても、やはり急な決断である。帰国後の身の振り方を決めるのは簡単なことではない。当初は行政に関わる道も模索したが、準備期間の短さを考えると、あまり現実的なアイデアとは言いがたかった。だがすぐに、最も自由な立場で日本に貢献できる道があることに気づく。古巣のアクセンチュアに戻るという選択肢だ。

「自分が一番力を発揮できるのはどこか考えた結果、**私がニューヨークでつかんだノウハウを最も必要としてくれ、かつさまざまな業態の企業、中央省庁、地方自治体とも太いパイプがあるアクセンチュアに戻るのが、現実的かつベストな選択**だと判断しました」

とはいえ、日本では一度辞めた人間が、同じ会社に再入社することは頻繁にあることではない。工藤はなぜアクセンチュアが再び自分を迎え入れてくれると思ったのだろうか。

「**アクセンチュアは、自分で考えて動く人間にステージを与える会社**だからです。私にはアナリティクスについての専門知識があります。これを生かせば多くのお客様の課題解決に貢献できると確信していたので、同じコロンビア大学を出ていた程社長にすぐに直談判をして、率直に自分の考えを話してみました」

2011年5月、工藤の思いは届く。7年ぶりにアクセンチュアに復帰することが正式に決まったのだ。ただ、当時の日本では「データサイエンティスト」という言葉すら存在せず、社内にはアナリティクスサービスのノウハウは多くない。顧客の理解どころか、社内の理解が得られず苦悶した日もあった。しかし、この程度のことでめげる工藤ではなかった。**自らの行動によって事態は改善に向けて一気に動き出す**ことになる。

「最初、私にはスタッフはつけてもらえませんでした。ゼロです。理解はおろか興味すら示さない人も実は多かったのです。当時、執行役員の一人が、私が苦労しているのを知って、『お前の話は面白いから、必ず誰かに響くと思う。支援するから〝工藤塾〟を開いてよ』と言ってくれました。その助言を受けて『データサイエンス講座』という社内勉強会を開いたことが契機になりました。当初は数人程度でしたが、口コミで広がり、半年足らずで毎回少なくても50人、1年半後の最終回には、200人強を集めるまでになっていたんです。社内勉強会としては異例の規模です。そこには、社長や副社長の姿もありました。その頃には売上も確実に伸び始めていましたから、アナリティクス部門を組織化する機運が一気に高まりました」

そこからの展開は早かった。グローバルからの要請もあり、2013年6月にはアクセンチュアの日本法人内に「アクセンチュア アナリティクス」を設置することが決まる。日本統括に就任したのはもちろん工藤だ。

「世界23拠点に展開する『アクセンチュア アナリティクス』は、世界中のデータサイエンティストと協調しながら、日々寄せられる多種多様な課題を高度な統計数理によって解決しています」

いまや工藤の活動はそれだけに留まらない。日常の通常業務のほか、ボランティアとして外部への啓蒙活動にも多くの時間を割いている。関連イベントでの登壇や取材、内閣官房やＩＴ推進協会の委員会、慶應義塾大学や会津大学における講師や客員教授職の兼任、国際統計学会での論文発表、書籍執筆の要請に応えているのはその一端である。

「ここ数年でアナリティクスに対する理解は進みましたがまだ十分とはいえません。こうした状況を打開するためには、市場全体を啓発し世論をリードしていくことが欠かせません。最近は、企業の経営者のみならず、行政に携わる官僚や、地方自治体の首長、政府関係者や、大学教授などのアカデミックな方々とお話しする機会を意図的に増やしています。こうした自由な活動が許されるのもアクセンチュアの良いところでしょうね。

仕事の範囲を決めるのは、肩書やポジションだと思うかもしれませんがアクセンチュアでは違います。決めるのは〝個人の強い意思〟。私の活動は会社の指示によるものではなく、私自身が自分の責任において決めたものです。だから帰国も自分で決めました。人はいつか旅立ちます。それが人生。決めるのは自分です」

震災の日から月日が流れたが、日本に貢献したいという思いはさらに強くなっていると工藤は言う。いま一番の関心事は若い世代の育成と世論の形成だ。

「現在、慶應義塾大学ＳＦＣ研究所の上席研究員として、学生向けのデータ活用コンテストを企画したり会津大学の客員教授として復興の地で教壇に立ったりしているのですが、彼らの才能を伸ばしてあげることが、より良い社会をつくる近道だと確信するようになりました。うれしいことに、文部科学省が指定するスーパーサイエンス高校に在籍する優秀な生徒たちが、私たちアクセンチュアという会社を認知しはじめているんです。このおかげで中央省庁からも認識されはじめています。これこそが私が狙っていた産学官連携の理想の形であり、帰国して日本を変えたいと強く願っていた一つの実現形態です。

私が教育に関わったからといって、アクセンチュアの利益に直接結びつくわけではありませんが、そんな小さな視点で動いていては駄目です。アナリティクスだけではなく、そこに関連した血の通ったビジネス戦略や政策制度設計に関心を持つ、優秀で意欲ある若い世代を育てることは、長いスパンで見れば日本に大きな成果をもたらすのは明らかです。**アクセンチュアには、私のような異端児を許容してくれる度量の広さがあります。意思のある人間にとってこれほど面白いステージはない**と思います」

工藤の生き方の「解」を求め続ける自由奔放な旅は終わらない。

サステナビリティ社会の実現に挑む。より良い世界をつくるために、自分自身が毎日を楽しむために。

Person 03

グローバルの「知のネットワーク」を生かして

戦略コンサルティング本部　マネジング・ディレクター

朝海伸子 Nobuko Asakai

1976年生まれ。幼少期を海外で過ごし、米国アーモスト大学卒業後、1999年、世界銀行に入行。2000年同行を退行し、米国MIT系のベンチャー企業に転職。その後レッドハットを経て、2008年にアクセンチュアに入社。サステナビリティ＆ストラテジーという組織に所属し、国内外で多くのスマートシティプロジェクトに携わる。

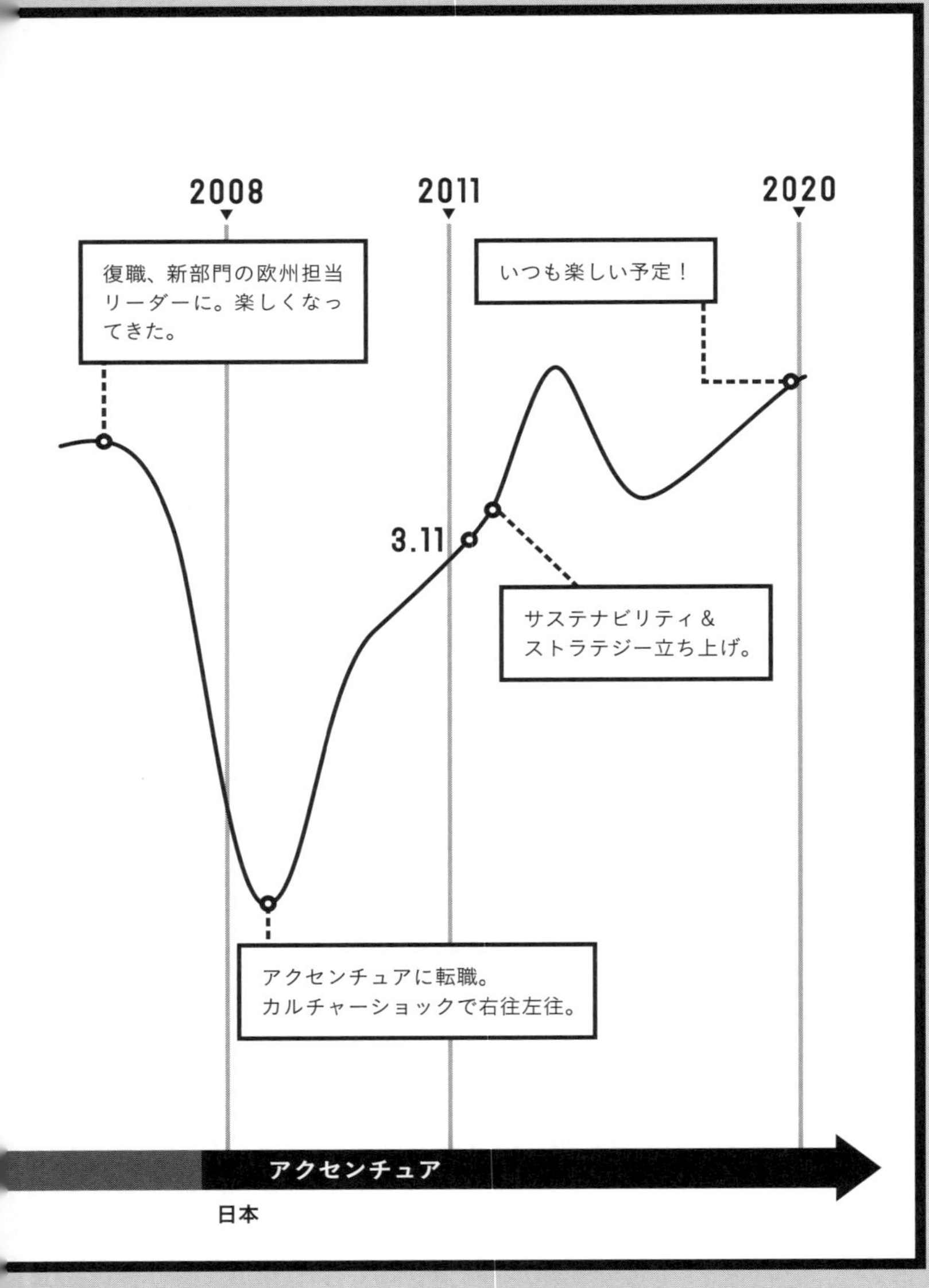
2008
2011
2020
復職、新部門の欧州担当リーダーに。楽しくなってきた。
いつも楽しい予定！
3.11
サステナビリティ＆ストラテジー立ち上げ。
アクセンチュアに転職。カルチャーショックで右往左往。
アクセンチュア
日本

朝海伸子 モチベーション曲線

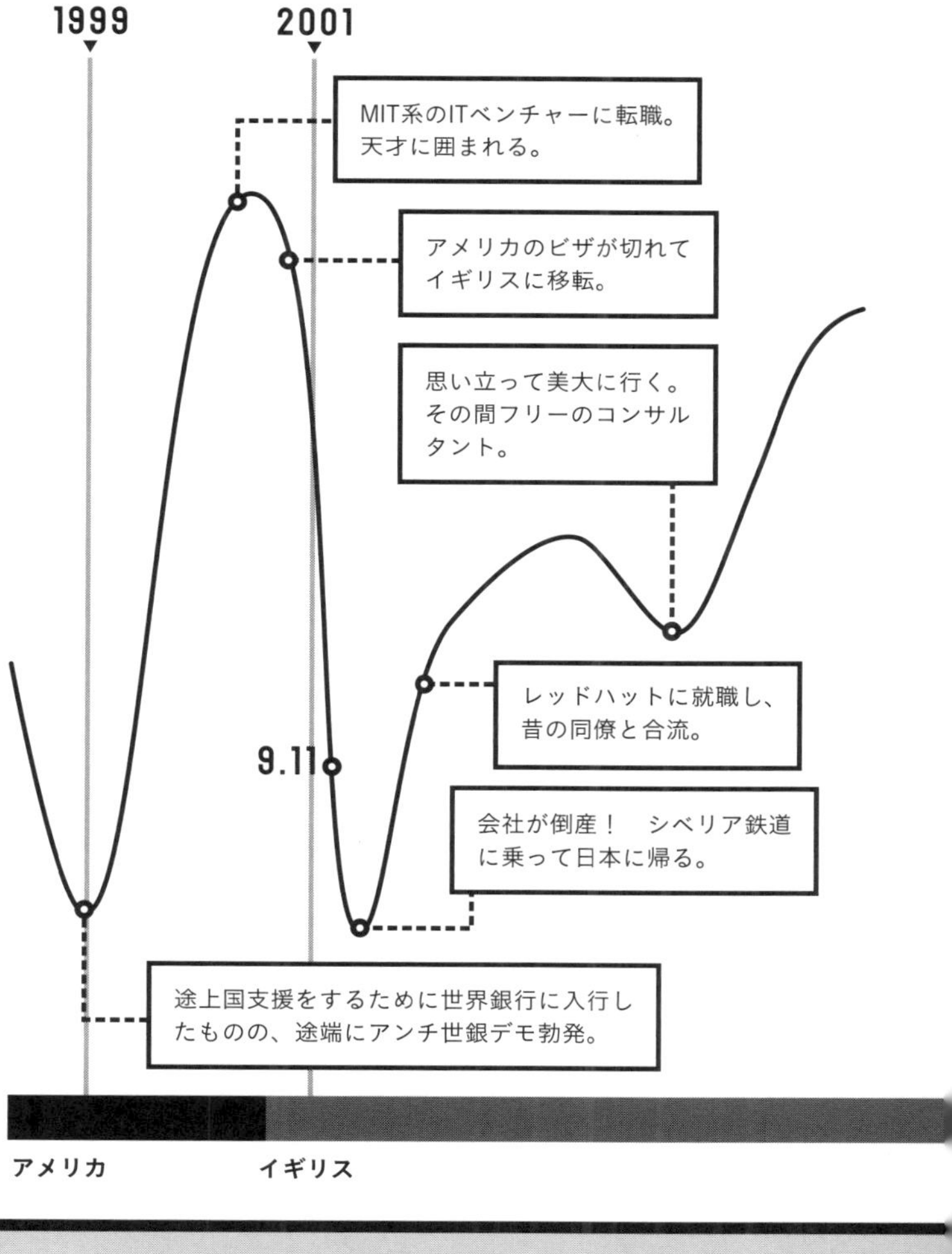

プロジェクトミーティングは大統領会議室で

環境問題や資源問題の重要性が高まるなか、世界各地でスマートシティのプロジェクトが進行している。**アクセンチュアはこれにいち早く着目し、世界中で100を超えるプロジェクトに参画してきた。**日本で中心的な役割を担っているのが朝海《あさかい》伸子だ。サステナビリティ&ストラテジーというグローバル組織の日本におけるリーダーである。朝海のフィールドは国内だけではない。2012年頃には、東欧のある国の低炭素化戦略を策定する仕事に関わった。プロジェクトは半年余り続き、月に1回のペースで現地を訪問した。

同国政府と日本の大手企業が関連分野で協定を結んでいたこともあり、日本のアクセンチュアからは朝海と戦略コンサルティング本部のマネジング・ディレクターの二人が参加。アクセンチュア側では、ロンドンオフィスのメンバーも多数参加した。

実は、プロジェクトのスタートに先立ち、朝海は一人で現地を訪れている。というのは、現地のエネルギー事情に関する情報が不足していると感じたからだ。アクセンチュアは世界の200都市以上にオフィスがあるので、たいていのことなら現地オフィスに聞けば事足りる。しかし、その国にはオフィスがなかった。そこで、自分の目で確かめたいと思ったのである。

「先輩からもらったアドバイスを思い出したのです。『**まずは歩き、情報を集めろ。頭だけで考えるのではなく、浴びるように情報収集すること。そのなかから、インスピレーションが生まれる**』。とても大切にしている言葉です」

一泊二日の強行軍だったが、その土地で生活する人たちの実感のこもった声を聞けたのは大きな収穫だった。もちろん、その時の経験はクライアントへの提案にも反映された。

現地で毎月開催されたミーティングの場所は、大統領会議室だった。政府関係者はもちろん、東京やロンドンから多国籍のメンバーが集う。低炭素化戦略というテーマなので、複雑かつ多岐にわたる議論にならざるをえない。

「考えなければならない要素がたくさんありました。主なものは収益性と雇用、環境、社会的な価値の四つ。それぞれにどんなインパクトがあるのかを検討し、バランスをとりながら最大の価値創出を目指す。全体を網羅的に見て、個別要素ごとに効果を定量化したうえで戦略を練り上げました」

ちょっとした時間を見つけて息抜きの時間を楽しむこともできた。プロジェクトを通じて仲良くなった政府関係者に誘われて少し遠出をし、手づくりのおいしいパンをごちそうになったことがある。その政府関係者が持つ風車で挽《ひ》いた小麦粉から作ったパンだという。

現地は高緯度地域なので、夏には白夜に近い状態になる。「夜中でも明るいので、なかなか眠れませんでした」と朝海。毎月の長旅と寝不足は少々こたえたが、いまも懐かしく思い出される印象的なプロジェクトだった。

国内に目を転じると、アクセンチュアは神奈川県の横浜市や藤沢市、福島県会津若松市などのスマートシティプロジェクトに参画してきた。政府や自治体、参加企業などと協力しつつ、スマートな街づくりをサポートしている。

２０１１年に起きた東日本大震災は、日本のスマートシティプロジェクト全体に大きな影響を与えた、と朝海は言う。

「日本では停電の心配はほとんどありませんでしたが、大震災後には電力不足が懸念される事態になりました。以前、日本のスマートシティプロジェクトは技術や製品の輸出に重点が置かれていましたが、状況が変わりました。産業界だけでなく、自治体や住民の関心も一層高まったと感じます」

大震災後、街や地域がスマート化を進めようとする動きも目立つ。代表的な事例の一つが会津若松市である。アクセンチュアは同市に福島イノベーションセンターを立ち上げ、この取り組みをサポートしている。

「スマートシティ分野において、会津若松は横浜やオランダのアムステルダムと提携しています。また、横浜とアムステルダムも同じ大都市として意見交換をする関係にあります。それぞれの知見を相互に融通し合い、より良い街づくりを進めていこうとしています」

３都市はいずれも、既存の街並みを生かしながらスマート化を進めている。共通する部分、お互いに参考にできることも多いはずだ。

アムステルダムのプロジェクトを支援しているのは、アクセンチュアの現地オフィス。東京とアムステルダム、活動拠点は遠く離れていても、スマートシティに関わるメンバーは朝海と同じサステナビリティ＆ストラテジーの仲間である。

天才たちと一緒に働く喜び

パリで生まれた朝海は、両親と共に世界各地に生活の場を移しながら育った。米国の大学では文化人類学を専攻したが、興味のあったコンピュータサイエンスも学んだ。

「大学のリベラルな校風も影響したのでしょう、**学生時代から世界にインパクトを与える仕事をしたいと思っていました。**そこで、卒業後、街並みが気に入って首都ワシントンに引っ越し、世界銀行に就職しました。途上国支援に関わりたいと思ったからです」

入行した1999年当時、米国では反グローバリズムのデモが頻発していた。世銀は格好の標的だ。通勤途中、群衆と警察が衝突する風景を見て複雑な気持ちになった。先輩職員がつぶやいた言葉が印象に残っている。「外側でデモをしている人も、内側で働いている人も、途上国の発展支援をしたいという気持ちは同じなのにね」。世銀を去った後の生き方を朝海は模索しはじめていた。

世銀の職員たちの頑張りに敬意を抱きつつ、一方では巨大な官僚機構の限界を感じることもあった。どうすれば組織に埋没することなく、自分の道を貫くことができるだろうか。いくつかの選択肢のなかで、朝海が選んだのはＩＴである。

世銀で間近に見た光景が背中を押した。電話線もないアフリカのある地域で行われたプロジェクト。1日2回、気象衛星の余力を借りてメール発信を行うことで、物資・医療品の供給が実現した。世界中の人たちが情報にアクセスできるようになれば、世界を変えられると朝海は確信した。

縁あって、朝海はボストンのベンチャー企業のインターンシップに参加する。期間終了後、本格的にコンピュータサイエンスを学ぶつもりだったが、仕事のほうが面白くなり、入社して働くことにした。

「ＭＩＴ（マサチューセッツ工科大学）の教授が中心になって設立したベンチャー企業で

す。ＯＳＳ（オープンソースソフトウエア）はあまり普及していませんでしたが、このベンチャー企業はＯＳＳを使って、ユーザー作成のコンテンツを世の中に流通させる仕組みをつくろうとしていました。若い天才たちが昼夜を問わず働き、オフィスに出社してくると誰かが床で寝ていたりする。そんな職場でした」

社員たちはソフトウエアで革命を起こそうとしていた。朝海が入社した当時はＩＴバブルの絶頂期、小さな企業にとっては使い切れないほどの資金がベンチャーキャピタルから供給されていた。

入社して2年目、米国滞在のビザが期限を迎えた。朝海は仕事が気に入っていたので、同じベンチャー企業のロンドンオフィスへの転勤を選ぶ。しかし、英国に渡ってしばらくすると、かねて耳にしていた不穏な噂が現実となって朝海の身に降りかかる。

「詳しいことはよく分かりませんが、株主と経営側とのもめごとがあったようなのです。あっという間に会社は傾いて倒産。多くの社員が解雇されました。みんな、大ショックです。私は次の道筋が思い浮かばず、日本に帰ることにしました」

時間だけはたっぷりあるので、シベリア鉄道ルートで帰国した。途中から、モンゴルを縦断して北京へ。北京からは空路で日本に降り立った。２００２年、日韓共催のＦＩＦＡワールドカップが始まろうとしていた。

ＯＳＳからサステナビリティへ

久しぶりの日本ではサッカーと面接の日々。面接を受けたのは、主にＩＴ系の企業だ。当時は大学院に進む選択肢も残しており、勉強を続けてもいた。そんな時、ロンドン時代の元上司から連絡が入る。勤めていた企業がレッドハットに買収され、元上司を含めて同社に移籍した仲間も多いらしい。

「戻ってこない？」と言われて、「ワールドカップが終わるまで1カ月待ってね」と答えた。決勝戦でブラジルの優勝を見届けて日本を後にし、再びロンドンでの生活が始まる。

レッドハットはＯＳＳビジネスのパイオニアである。フルタイムの時期ばかりではないが、朝海はレッドハットでミドルウエア部門の技術者として7年間働いた。その間、社会人教育プログラムに参加して美術大学に通ったこともある。いったんは退社したのだが、コンサルタント契約を結んで同社とのつながりは維持していた。

再び社員に復帰する際、朝海は1年間という条件を出した。1年後には英国永住権を取得できるので、それを機に日本に帰ろうと考えたからだ。復帰から帰国までの時期には、ミドルウエアの欧州技術部門を率いるリーダーを務めた。

日本に戻ってからの職場の有力候補がアクセンチュアだった。長い海外生活を送ってきたこともあり、**朝海は「グローバルな企業が向いている」と思っていた。アクセンチュアならIT の知識を生かせるだろうとも。**アクセンチュア幹部からの熱心な誘いもあり、朝海は入社を決める。

「入社後、OSSのスキルを生かせるテクノロジー コンサルティング本部に配属されました。ただ、最初の1年ほどはつらかったですね。一種のカルチャーショックです。日本語があまり上手ではなかったので、会議に出ても話の内容が分からないのです」

OSS文化にどっぷり浸かっていた朝海には、一般的な市販ソフトを使う習慣がなかった。マイクロソフトのオフィス製品に初めて触れたのも、アクセンチュア入社後だ。本人は「ビジネスの基本動作ができていなかった」と笑うが、当時は必死だった。書店で実用書を買って、手紙の書き方などの「基本動作」を勉強したものだ。

そんな〝異邦人〟を辛抱強くサポートしたのが、ロンドンで会った幹部である。**「私がメンターになろうか」と声を掛けてくれた先輩女性もいた。**周囲の励ましもあって、入社後1年ほど経つとだんだん仕事が面白くなってきた。

例えば、温室効果ガスの排出権取引に関する調査に参加したことがある。欧州などの先進的な取り組みを調べて、政府機関に提案した。この頃から、朝海の仕事は徐々にOSS

からサステナビリティの方向にシフトする。そして、スマートグリッドがキーワードとなりはじめた当初、海外の知見を日本に持ち込む担当に配置された。

スマートグリッド関連プロジェクトが動きはじめてしばらくすると、サステナビリティ・サービス専任の立場になった。こうして、朝海だけの日本チームが立ち上がった。

グローバルとスピーディに連携する

東京オフィスの部下は後に増えたが、当初、サステナビリティ&ストラテジーのメンバーは海外組ばかり。直属の上司は上海オフィスにいる。**ネットワーク上のコミュニケーション空間を、朝海は自在に行き来しながら仕事をしている。**

東日本大震災後しばらくの間、問い合わせが増えて困ったことがある。日本がどのように復興するのか、サステナビリティの観点からも世界の注目が集まっていた。

「自分も同じ立場で海外に問い合わせをしていましたし、日本の状況を正しく伝えたくて、ていねいに返信したかったのですが、量が多くてかなり大変でした」

市場や技術がダイナミックに動く最先端のビジネス。世界中のメンバーが常に新しい動向を知りたいと思っており、問い合わせメールが頻繁に飛び交う。こうした背景もあり、サステナビリティ＆ストラテジーでは社内ＳＮＳを導入して全員が活用するルールを設けた。

「いま、グローバルで数百人のグループメンバーは社内ＳＮＳを使って連絡をとっています。『これ知りたいんだけど、誰か教えて！』と書き込むと、どこかのオフィスの誰かが『こんな事例があるよ』、『この人が知っているよ』と教えてくれる。メールのコミュニケーションにありがちなムダがなくなり、とても効率が上がりました」

朝海は海外の知恵や能力を積極的に活用している。相手は同じグループのメンバーだけではない。例えば、アクセンチュアには、世界中のコンサルタントを、調査や分析などでサポートする部隊がある。

「三日後までに分析したいテーマがあったとき、『一人担当をつけてほしい』と頼んでしばらくすると、『私がやります。よろしくね』と連絡が入ります。半日後に『同じ分析をさらに五つのテーマで追加したい。あと二人欲しい』と言うと、さらに二人が名乗りを上げてくれる。**これほど短期かつグローバルレベルで社員が連携できるコンサルティングファームは珍しい**のではないでしょうか」

あるとき、朝海はこの組織に属するコロンビア人の社員に、ひと仕事を頼んでから帰途についた。翌朝、出社したときには、出来上がったレポートが届いていた。朝海に睡眠は必要だが、アクセンチュアは24時間眠らない。

「グローバル人材」の3要件

朝海の部下のなかには、英語の苦手なメンバーもいる。すぐに朝海を真似ることはできないにせよ、必要なコミュニケーションはできているという。

「日本語を少しだけ話せる、日本採用のボリビア人社員がいます。指導役は日本人で、最初は『ボク、英語ダメっす』と言っていました。しばらくすると、二人でクリエイティブな会話法を開発したようです。日本語と英語をごちゃまぜにして、それでもしっかり意思疎通ができている。ある程度の英語力は必要ですが、**もっと大事なのは相手のことを知りたい、自分のことを知ってもらいたいという気持ち**だと思います」

グローバルに活躍する人材の要件として、朝海は三つのキーワードを挙げる。**オープンマインド、サバイバル能力、新しいことに触れる喜びをどれだけ持てるか。**最後の点については、こんな注釈を加えた。

「新しいことにチャレンジするときには、面白そうと感じる一方で、『失敗したら』と心配するのが普通でしょう。前者が後者を上回れば、一歩踏み出すことができるはずです」

上／オープンマインド、サバイバル能力、新しい物事への好奇心。この三つがグローバル人材に欠かせないと言う朝海。自身の足跡がそれを実証している。下／「これからはサーキュラーエコノミーの時代だ」と言う。投資する資源を増やさずにいかに持続可能な社会をつくるか。確かな視座で、未来を見すえる。

朝海はほぼ毎月、海外出張に出かけている。文化や商習慣、法規制がまったく違うアジア諸国では、日本の常識がまったく通じないこともある。

「例えば、マレーシアでは敬称が何種類もあって複雑です。これを間違えるのは失礼なこと。相手をどう呼ぶべきかを現地オフィスのメンバーに確かめ、正しい敬称を覚えるのにひと苦労しました」

そのマレーシアでスマートシティプロジェクトが立ち上がった当初は地元業界の常識が分からず、人づてに紹介してもらった専門家を訪ねた。

「少し不便なところで、タクシーのドライバーも分からないと言っていました。一方の私も道の名前さえ発音できず、スマートフォンアプリのナビ音声をマックスにして連れて行ってもらいました」

このときも、朝海はあの先輩の言葉を思い出していた。ちょっとした冒険だったが、得られた生の声はかけがえのないものだった。

次々に登場する新しい技術やビジネスモデルに接する日々を、朝海は充実した思いです ごしているようだ。

「もともとテクノロジーが大好きで、テクノロジーの力で世界を変えたいと思っていいます。どんな装置でデータを取り込み、それをどのように連携させるか。新しい技術の理解が深まれば素直にうれしい。また、スマートシティには、さまざまなところに自律分散の考え方が取り入れられています。末端の機器の小さな判断をつないで、全体最適を実現する。とても面白いアプローチだと思います」

ＯＳＳにも通底する考え方だ。小さな善意と才能（天才も少なくないが）を何千、何万とつなぎ合わせれば、世界に革命をもたらすことも不可能ではない。そのようにして、ＯＳＳは世の中を変えてきた。

ワシントンからボストン、ロンドンを経て東京に至る朝海の道のりは一本の線でつながっている。今後については、「もっとイノベーティブなことをしたい」と朝海は思う。

「**保守的になるのではなく、失敗を恐れずチャレンジしたい。**サステナビリティは環境保護の枠組みでとらえられがちですが、非常に広範なテーマです。これまで基本的に、経済成長と資源消費はほぼパラレルに推移してきました。このままでは必ずどこかで行き詰まります。二つの連関を切り離さなければなりません。それを可能にするのがテクノロジーであり、リサイクルやシェアリングといったサーキュラーエコノミーの考え方です」

例えば、貨物の需給マッチングサイトにより、空荷で走るトラックが減った。最近では、自宅の空き部屋を旅行者にレンタルで提供するサイトも登場している。投入する資源を増やさずに、持続的な成長を実現する方法はあるはずだ。人類全体にとってのチャレンジ、朝海はその一端を担いたいと思っている。

国内に目を転じれば、人口減少社会における持続的成長という、これまた大きなチャレンジがある。2020年の東京五輪でも、サステナビリティは重要なテーマになる。

「2012年のロンドン五輪では、レガシーという考え方が導入されました。一過性のイベントにするのではなく、将来に向けて良いものを残そうということです。そこで、4年に一度の祭典の勢いを活用して、市内の地域再生や若者の雇用促進といった社会的な課題解決施策を実行する。五輪と組み合わせることで、東京または日本も同じように、あるいはさらに進化した形で社会課題に取り組むことができるはずです」

グローバルとローカルを行き来しながら、朝海は考え続ける。**思考の先には「より良い世界」と、自分自身の「いつも楽しい毎日」が予定されている。**

直言実行、傍若無人。
アクセンチュアの〝奇兵隊〟をつくった男
どうせ一度きりの人生、心のままに生きる。

Person 04

アウトソーシング事業推進の立役者

オペレーションズ本部
インフラストラクチャー サービス グループ
マネジング・ディレクター

市川博久 Hirohisa Ichikawa

1974年生まれ。大学を卒業後、1997年にアクセンチュアに入社。2007年、インフラストラクチャー アウトソーシング部門を立ち上げ統括に就任。2010年、「若者の就業力・起業力強化チーム」の責任者に。その活動が高く評価され、2014年、第4回キャリア教育アワード（経済産業省）の優秀賞（大企業の部）受賞。

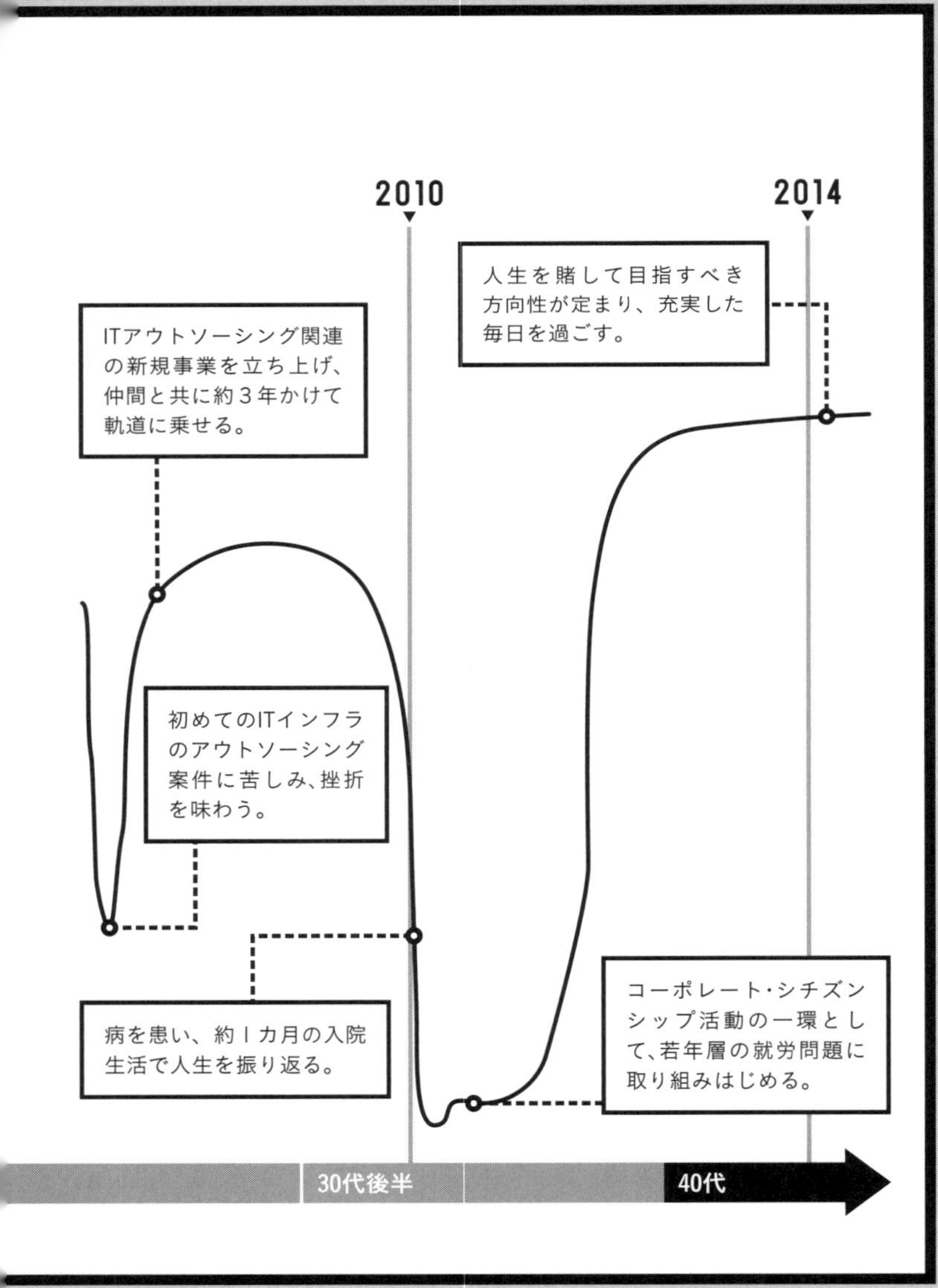

2010
2014
ITアウトソーシング関連の新規事業を立ち上げ、仲間と共に約3年かけて軌道に乗せる。
人生を賭して目指すべき方向性が定まり、充実した毎日を過ごす。
初めてのITインフラのアウトソーシング案件に苦しみ、挫折を味わう。
病を患い、約1カ月の入院生活で人生を振り返る。
コーポレート・シチズンシップ活動の一環として、若年層の就労問題に取り組みはじめる。
30代後半
40代

市川博久 モチベーション曲線

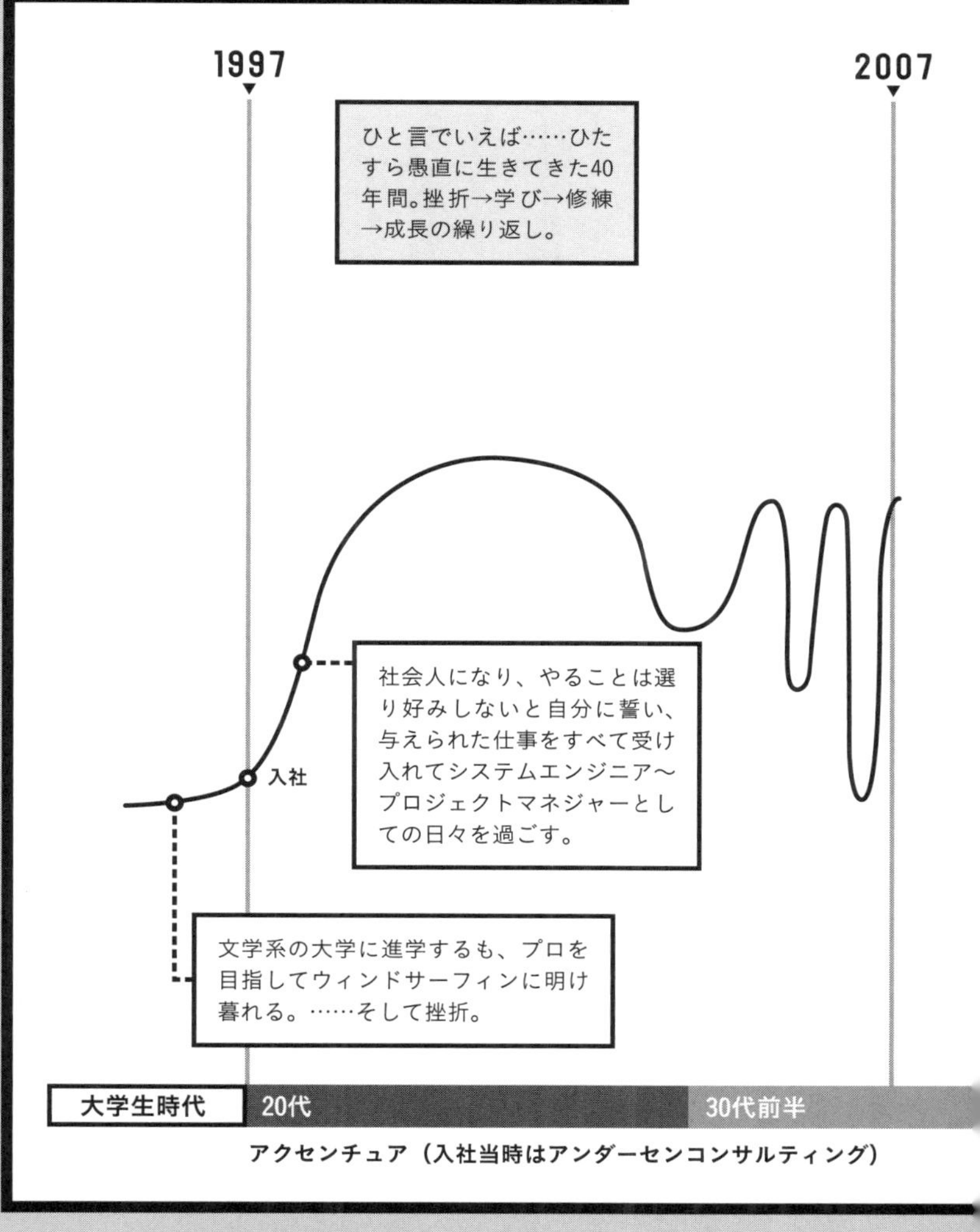

眠れないほど悔しかったプロジェクト

経営コンサルティングやシステムインテグレーションが中心だったアクセンチュアのビジネスに3本目の太い柱が加わったのは、2000年代のことである。それが、アウトソーシング事業だ。

情報通信技術の発達により、国境を越えて業務を請け負うアウトソーシングが世界規模で拡大している。人事、財務・経理、調達、サプライチェーン、マーケティングなど、さまざまな業務がインドや中国をはじめとするオフショア拠点から多くの日本企業にも提供されている。

こうした**ビジネスの「フラット化」の潮流をとらえ、アクセンチュアのアウトソーシング事業は急成長した**。その立役者の一人が市川博久である。きっかけは、2006年に始まった一つの製造業向けのITインフラのアウトソーシングプロジェクトだった。市川はそれまでコンサルティングやシステム構築を担当していたが、ITインフラの分野に長けていたため、ITインフラの運用引き継ぎを任されることになる。ITインフラとは業務システム（アプリケーション）を支える基盤である。

「このプロジェクト以前は、自分たちが設計・構築に関わったシステムの運用を引き受けるという形態しか行われていなかったのですが、このプロジェクトではすでに運用されているシステムのＩＴインフラの運用を引き受ける落下傘型といわれるアウトソーシングに挑戦しました」と市川は説明する。

落下傘型のアウトソーシングは、いま発生しているＩＴインフラの運用コストを削減し、クライアントの将来のビジネス成長に合わせてＩＴの変革を実現するための原資を創出することができることから、クライアントにとって大きな魅力がある。しかし、落下傘型のアウトソーシングは、ＩＴインフラの運用をそのまま引き取るのではなく、これまで運用業務を担ってきた既存ベンダーのテリトリーだ。何がどう行われているか分からない場所に降り立ち、現状の運用をひも解き、引き継ぐとともに業務を標準化・効率化してコスト削減効果を出さなければならない難易度の高いプロジェクトだ。

困難は予想以上だった。長年、運用を担ってきた既存ベンダーにとって、市川たちは「仕事を奪おうとする敵」のような存在に見られかねない。このため、既存ベンダーから協力を得るために少しずつ会話をすることから始まり、協力してもらえる確約を得るまでに相当の期間を要した。

さらに、コスト削減効果がなかなか出ず、何度も業務モデルを見直した。このため、米国オフィスからは「なぜこんなに時間がかかっているのか」とプレッシャーをかけられる。何をどうやればよいか分からない状況で試行錯誤を繰り返し、結果として、半年間の悪戦苦闘の後に、市川はなんとか運用の引き継ぎを終えた。

市川に残ったのは敗北感だけだった。

「ITインフラの技術には自信を持っていたのですが、さまざまなステークホルダーと要素を整理して一つのアウトソーシングとして組み上げなければならず、これまでの自分の経験がまったく通用しませんでした。それが悔しくて、夜眠れないほどでした」

しかし一方で、市川はアウトソーシングにビジネスの可能性を強く感じていた。リベンジを誓い、そのプロジェクトにいた7人の仲間を勝手に集めてITインフラのアウトソーシングを提供する部門を社内につくることを決意する。自分たちには何が足りなかったのか。どうすればうまくいくのか。そして、ビジネスとして広げていくためにはどうすればよいのか。ビジネスモデルやサービスについて検討を重ねた。

ネックになったのは、その時の組織形態だ。当時は各産業グループでITインフラストラクチャーのチームを抱えており、社内で人的リソースが分散していた。プロジェクトごとに人材が移動するスタイルはコンサルティングなどには適していても、アウトソーシング事業では固定した組織が有利。人材や知見を集約して効率化すれば、コスト競争力がさらに高まり、余力を商材開発などの付加価値創出に振り向けることができるからだ。前回プロジェクトのリベンジを超えて日本におけるインフラストラクチャー アウトソーシング（IO）ビジネス立ち上げのプランを、市川は日本の経営陣に提案した。

「こういうビジネスを日本で立ち上げたい。ついては、1年間の運転資金を出してほしいと伝えました。反応はよかったのですが、資金は出せないと。ならばと、アクセンチュアグローバルのキーパーソンに直接訴えることにしました」

やりたいことをやるために、自分がつくる

メールを送信した相手は米国オフィスの経営幹部である。すでに、グローバルではIOビジネスが立ち上がっていた。メールを送ったのはそのグローバル統括だ。

いま思えば拙い企画書だが、市川はありったけの熱意を込めてグローバル統括に送った。**「1年分の活動資金をもらえれば、1年後、3年後にこれだけのビジネスに成長させる」**という内容だ。そうすると世界中のIOビジネスを束ねるこの責任者から「オーストラリアでIOビジネスをやっているAPAC（アジア太平洋地域）の統括に会ってみろ」と返事がきた。ほどなく、このAPAC統括がオーストラリアから来日する。

「APAC統括は僕の話を聞いて、即座に賛成してくれました。彼のアドバイスをもらい

ながら、グローバルの承認を受け、活動資金を確保できた。そこからがもうひと踏んばりでした」

グローバル承認を盾にして、日本法人の経営会議で組織立ち上げの説明をすると、経営幹部からは、予想通り、ただのシステム基盤であるインフラに付加価値があるのかと反対意見が出た。しかし、市川は「付加価値の前に、まだ何も価値提供できていないじゃないですか」と反論。会議は紛糾した。社長からは「もし立ち上げが上手くいかなかったら昇進が遅れるかもしれないけどいいのか」とまで言われた。

「昇進はどうでもいいです」

市川は即答した。そして、日本におけるＩＯ部門の設立がついに認められた。

30代前半のシニア・マネジャーにとって、日本の経営幹部、ましてやグローバルの統括やＡＰＡＣ統括は仰ぎ見るような存在だ。そんな幹部が果敢なチャレンジにゴーサインを出してくれたのだ。投資も相当の額になる。

なぜこんなことが実現したのか、市川は当時のことをこう振り返る。

「肩書などはまったく気にせず、本気度やビジネスプランの中身を見てくれた。オープンというか、チャレンジが好きというか。いずれにしても、リスクを取ってコミットする人間に対しては、最大限の自由を与える。自由と責任は表裏一体。それがアクセンチュアの

上／インフラストラクチャーサービスグループを率いる市川（後列中央）。「みんな最高です。これからも一緒に“歴史”をつくっていきたいですね」。下／日本での IO 事業立ち上げを目指す市川を強力にバックアップしたジェフ・ハンター氏（2007年当時、アクセンチュアの IO 事業の APAC 統括責任者）と。

カルチャーだと思います」

２００７年、このようにしてＩＯビジネスは、何もないところから立ち上げられた。参加したのは、バックグラウンドがまったく異なる7人の同志。幕末の長州藩で、高杉晋作が、身分に関係なく隊士を集め結成した「奇兵隊」を想起させる。

「ただ実情は、日本のＩＯ市場での認知度もなく、最初の2年ほどは大変でした。ある程度の実績ができるまではメンバーを増やせないので、少人数で営業から導入までをカバーしなければなりません。一時は、グローバルの経営層から『日本でこんなにＩＯが売れないなら撤退を検討する』といったメールを受け取ったこともあります」

ようやく将来に確信を持てたのは、事業を始めて1年半ほど後のことだ。あるクライアントに対して、市川はＩＯの売り込みを図ろうとしていたところ、社内の経営幹部の一人に呼び止められた。

「ＩＯなんて売れないだろ。とさんざん怒られました。しかし、クライアントへの価値提供のみならず、将来の日本におけるＩＯビジネスの可能性について3時間くらい話をしたら、『よし、分かった』と。ＩＯビジネスの価値を認め、『お前がそこまで覚悟しているなら、一緒にクライアントのところに行こう』と言ってくれました」

そして見事に売り込みは成功。社内の経営幹部たちが、「IOによって、自分が担当する業界やクライアントにも価値提供できるのではないか」と考えるきっかけになった。こうして、市川が心血を注いだ新規事業は軌道に乗りはじめ、事業部門として独り立ちする。**IOビジネスは現在、毎年数十％増という勢いで快進撃を続けている。**

人生の意味を考えることをやめる！

1974年に愛知県で生まれた市川の前半生は、とにかく変わっている。小学生時代は建前だけの大人のルールを押し付けられるのが嫌で、勉強には背を向けた。当然、成績は振るわない。小学5年生の時、遊び仲間の優等生から「なんで勉強しないの？」と聞かれて、「やる意味が分からない」と答えた。すると、その遊び仲間から「やってもいないのに、そんなことを言う資格はない」と言われた。これには衝撃を受けた。

小学5年生の春から夏休みにかけて2カ月ほど猛勉強して、2学期のテストではクラスで2番になった。中学時代は優等生街道を歩み、高校は進学校へ。しかし、高校で再び、まともな勉強からは遠ざかることになる。授業には出たり、出なかったりという状態が続いた。画家を目指して芸大向けの予備校に通っていたからだ。

「親には高校に行くふりをして、バイトと予備校通いをしていました。スーパーの肉屋さんで働いて、予備校の学費を稼ぐという毎日です。予備校では油絵を習いました」

しかし、その絵描きの道を諦める時がくる。高校3年の春。芸術家の卵が大勢いるなかで自分の非力さを痛感し、芸大への進学を断念したのである。そして、受験科目の少なさで選んだ地元大学に入ってからは、「海と川の日々」にのめり込む。

「人と競争するのが嫌で、自然と向き合えるサーフィンを始めたんです。ただ、海まで遠かったこともあり、川でのウィンドサーフィンに転向して、毎日、実家近くの木曽川通いです。のめり込み方も尋常じゃなかったので、そのうちスポンサーがつき、プロのような立場になりました。すると、大会に出て宣伝をしなければなりません。自分がやりたいことをやっているはずなのに、なんか違うぞ、という思いになるわけです」

大会に出れば、トッププレイヤーの実力を目の当たりにもする。点数を競うような勉強に嫌気がさして飛び込んだ世界でまた競争のなかであえぐ。これはかなわないと思い、市川はプロとしての可能性を諦めることとなる。自分のやりたいことでは食べていけないという現実に二度直面し、残っていたのは就職という「普通の道」だった。

周囲に遅れて参入した就活では、業種業界を問わずにハガキを出しまくった。あるとき、名古屋で行われたアクセンチュアの就活セミナーに参加する。

「休憩時間にセミナー講師の社員をつかまえて、話をしました。他愛のない会話ですが、**楽しんで働いている雰囲気が伝わってきた**。コンサルティング業界のことはまったく知りませんでしたが、ここで仕事をしたいと思いました」

市川が入社したのは1997年。入社前に準備万端整えるつもりで、1カ月早めに愛知県の実家を後にした。アクセンチュアから送られてきた通知のなかの一文が気になっていたからだ。

「『入社後にC言語を学んでいただきます』と書いてありました。なんだ、これは。どこの国の言語だ、と（笑）。人に聞いて、どうやらコンピュータ言語らしいと知りました」

パソコンとソフトウエア、C言語の入門書を購入して、プログラムをつくってみた。入社までには、いっぱしのプラグラマーになったつもりになっていた。

「小学校の頃から、『勉強の目的とは』『人生の意味とは』と大きなことを考えすぎて、失敗を繰り返してきました。そもそも、意味を問えるほど、自分は世の中を見てきたのか。それが、就活のなかで感じたことです」

小学時代に友達から一撃された、あの言葉と重なる。市川はこう続ける。

「だったら、**人生の意味を考える前に与えられた場所で四の五の言わずにやろう。突き抜けるくらいまでやる。**周囲は優秀な社員ばかりですが、3倍努力すれば太刀打ちできるだろうと」

病気の後に見えてきた新たな道

市川は入社以来、ほぼ一貫してITインフラの事業に関わっている。

「ITプロジェクトが始まると、まず開発環境を整えます。プロジェクトルームの床をはぎ取ってLANケーブルを敷いたり、サーバーをセットアップしたり。アプリケーションの開発者が効率よく仕事をするための開発ツールをつくるときもあります。こんな仕事は、手を上げてこれをやりたい、という人は少ないかもしれません」

だったら、自分がやろう。市川は**「入口は別々でも上から見える景色は同じ」**と思い定め、ITインフラという分野で頂上を目指した。

「開発者が気持ちよく使える開発ツールをつくって、みんなを驚かせたい。僕にとってはプラモデルづくりのような感覚です。**仕事の大きな目的などは考えず、ただ目の前の目標達成に集中する。目標を達成すれば、クライアントも仕事の仲間も喜んでくれる。そんな毎日が心地よかった**ですね」

やがて、社内では「ITインフラなら市川」と評価されるようになる。市川の成長カーブと、アクセンチュアのアウトソーシング事業強化のタイミングがうまく重なったことが、ＩＯビジネスの立ち上げにつながったともいえる。

ところが、ＩＯビジネスを本格的にスタートした矢先、市川はまったく異なる種類の困難に直面する。人間ドックで見つかった腫瘍が、何度かの検査でがんと判明したのである。市川が34歳のときである。

「告知を受けた時は、思考停止というか。まるで他人事のようでした」と市川。徐々に現実として受け入れられるようになったが、不安は募るばかりだ。心が空中分解しそうで、自分を維持するために、生死に関係する本を読みあさった。

「確か闘病中の方の手記だったと思いますが、その一節が印象に残りました。正確な引用ではありませんが、『**本当につらいとき、つらい状況を変えることはできない。唯一変えられるのは、つらいことに向き合う姿勢だ**』と。その通りだと思いました」

それまでは、自分が思う方向に仕事を動かして、状況を変えてきたつもりだった。それが、自分の力ではどうしようもない現実に直面したとき、家族、仕事の仲間、医師や看護師、周囲の人たちのありがたさが身に染みて感じられた。

手術の前日、入院中の市川に会社からメールが届いた。**アクセンチュアの「コーポレー**

ト・シチズンシップ（企業市民活動）」の日本における三つの活動テーマが示されていて、それぞれのチームを率いるマネジング・ディレクターを募集するとあった。

三つのテーマとは**「次世代グローバル人材の育成」「若年層の就業力強化」「人材ダイバーシティの促進」**。IOビジネスを立ち上げてマネジング・ディレクターに昇進していた市川は、2番目のテーマを見て「これだ」とすぐに手を挙げた。

「アクセンチュアのIOビジネスは、多くの業務をオフショア拠点に委ねています。それがコスト競争力につながっている面もあるのですが、日本の雇用を流出させているという側面もある。若者の働く場が減れば、日本市場全体が縮んでしまうでしょう。IOビジネスに携わりながら、どうしたら日本社会に新しい産業、新しい雇用がつくれるかと考えていた時期でした」

多様な人を巻き込み、答えの見えない課題に挑む

2010年9月に、手術が行われた。術後の経過は順調だ。退院したばかりの市川のもと、「若年層の就業力強化」チームが発足。以前からのつき合いもあって、最初のパートナーは、若者の自立支援、就労支援などで実績のあるNPO

法人の「ユースポート横濱」に決まった。

「まずは、就労支援の現場を見せてもらいました。スタッフは若者たちと膝を突き合わせて、履歴書の書き方などを指導している。全身全霊を傾けている姿に感銘を受けました。その時話し合ったのは、『出口が見えるようにしよう』ということ。獲得したスキルが将来何につながるかをイメージできれば、若者のモチベーションも上がるはずです」

そんな議論を踏まえて形になったのが、ＩＴスキルの資格制度「CompTIA《コンプティア》 A+」の受験をサポートする「若者のためのＩＴアカデミー（ＣＴＡＣ）」である。講師は「プロボノ」で参加するアクセンチュア社員。プロボノとは、社会人が自らの専門知識やスキルを生かして参加する社会貢献活動のことで、ラテン語の「Pro Bono Publico（公益のために）」が語源だ。現在、ＩＴアカデミーは横浜市だけでなく、全国各地で開催されている。

「授業というコンテンツをオープンソース化し、賛同してくれる団体に提供しています。ただ、プロボノの社員だけでは効果は限定的です。他の社員にも授業のスキルを移転して、講師の数を増やしたいと考えています」

資格の取得者に対しては、賛同する企業へのインターンや就職を橋渡しするサポートも行っている。市川は徐々に手ごたえを感じはじめたが、一方で、現場を知れば知るほどゴールが遠のいていくような感覚もあった。ニートや引きこもりといわれる若年無業者数は全国で60万人以上いる。NPOや行政機関の手が届いているのは、そのうちのわずかでしかない。

「大変なところに首を突っ込んでしまった」というのが、正直な印象だ。アクセンチュアだけでこの社会課題に取り組むのには限界がある。これまでの仕事のように決められたものをつくることとは違い、解決する道筋さえもよく見えない。一つだけ確かなのは、自分たちだけで解決するのではなく、**1のインプットが10にも100にも増幅される仕組みをつくらなければならない**、ということだ。キーワードはプラットフォーム化、ネットワーク化だ。セクターを超えた人々が集まり、課題や打ち手を共有し、イノベーションが生まれる仕組みをつくる。

「NPOの皆さんとの議論で浮かび上がった課題は、プログラムや知見の共有ができていないこと。全国のNPOがお互いの課題やノウハウをシェアできれば、より大きなインパクトを社会に与えられるはずです」

その一つの取り組みが、認定NPO法人「育て上げネット」（工藤啓理事長）と進めている若者就労支援団体向け基幹系システムの構築、および全国への展開だ。全国の若者就労支援団体のなかには、資金面の理由から日々の支援業務を管理するシステムを導入することができない団体も多い。また、団体ごとに業務内容が異なっており、標準化されていないため、結果として支援に人手がかかる。加えて、若者の属性情報や支援した履歴情報が蓄積されていない場合が多い。そこで市川は、標準化された業務とそれを支える基幹系システムを一つのパッケージとして開発し、全国の団体がこのパッケージを利用し、より多くの若者を支援できる仕組みを整えた。

市川は、さらにその先を見すえている。全国の団体がこのパッケージを利用し、蓄積された膨大なデータを分析することにより、そもそも若者が無業状態に陥らないための予防プログラムが開発できるのではないかと考えている。顕在化した課題への対応のみでは将来にわたって支援が必要となる。目指すのは、潜在化した課題へのアプローチによる課題そのものの解消なのだ。

一方で市川には、若者との交流を通じて引っかかる思いがあった。ニート・引きこもりとひとくくりにされている若者のなかには、大人が押し付けている価値観・システムに違和感を持ち、あえて就職を選ばない若者がいるのではないか、そして彼らに必要なことは支援ではなく、「活かす場」なのではないかと。

そんな時に出会ったのが、ニートが全員取締役として参加する「ＮＥＥＴ株式会社」を設立した若新雄純《わかしんゆうじゅん》氏だ。その若新氏と取り組んでいるのが、あえて就活プロセスに乗らなかった若者と企業がディスカッションを通じて相互理解し、若者と企業のマッチングを行う「就活アウトロー採用」である。

目まぐるしく変化する経済環境のなかで、うまくいっていた時代の価値観・システムを変えられない企業は多い。それは毎年行われる学生の採用活動に影を落としているが、多くの若者が就活に違和感を持っているということは、彼らが企業に新しい変化を与え、イノベーションを生み出すことにつながっていく可能性がある、と市川は考えている。

とかく目新しい取り組みは批判されがちだ。しかし、市川は批判される取り組みだからこそ、これまでにない新しい価値を生む可能性があると、むしろ周囲の批判を喜んでいる。

地域課題の見える化を新産業、雇用につなげる

コーポレート・シチズンシップの活動を通じて、市川の問題意識は多方面に広がっていく。その一つが若手起業家支援である。チームの名称は後に、「若年層の就業力・起業力強化チーム」に変更された。

「きっかけは、東日本大震災です。チームメンバーと話し合い、大事なのは働く場づくりだと。地域課題の解決や新しい価値づくりを目指す起業家を支援することで、雇用の拡大を後押しする。そこには、かつてニートだった若者が参加するかもしれません。就業力強

化と起業力強化は、最終的には完全に融合します」

市川は東北の被災地を何度も訪れ、起業家やＮＰＯ関係者などと交流を深めた。そのなかから生まれた取り組みの一つが、仙台市の一般社団法人「ＭＡＫＯＴＯ」（竹井智宏代表理事）とのコラボレーションで立ち上げた市民参加型起業家支援サイト「チャレンジスター」である。クラウドファンディングで資金を集めるだけではなく、起業家をはじめとする志あるチャレンジャーを、共感した市民や企業が知恵やスキルなどを持ち寄って支援するスキルマッチングのプラットフォームだ。

とはいえ、起業家のすべてが必ずしも成功し、大きな雇用を創出できるとは限らない。大半は10年経たないうちに廃業してしまうのが現実だ。起業と廃業の新陳代謝があるから、大きな生命体の健全性が維持されるということもできる。ならば、廃業を上回るペースで起業家が立ち上がればいい。

そのための土台づくりともいえるのが、「地域課題の見える化」である。身近な課題を顕在化させれば、多くの人がそれを見て「なんとかしなければ」と思うだろう。ある人はビジネスで解決を目指し、ある人はＮＰＯを設立するかもしれない。週末だけでも何かしたいと手を挙げる人も現れるはずだ。見える化の戦略づくりに悩んでいた時、市川が出会ったのがＮＰＯ法人「横浜コミュニティデザイン・ラボ」（杉浦裕樹代表理事）である。

「プロボノ契約を結び、一緒に見える化の仕組みを考えました。何度も企画からやり直し、議論を繰り返して生まれたのが、2014年6月にスタートした『LOCALGOOD YOKOHAMA』。これは、NPOの方々のみならず、横浜市や横浜市立大学なども参加し、多くの方々の協力を得て実現したウェブプラットフォームです」

そのコンセプトは「課題を集める」「課題が見える」「参加できる」の3本柱。例えば、「最近空き家が多い」と思った住民は、写真を撮って位置情報付きで投稿する。それを見て立ち上がった人たちが、空き家再生プロジェクトを結成するかもしれない。このように、行政のオープンデータや、市民のつぶやきをはじめとするソーシャルメディアのデータなどを利活用し、地域課題を見える化する。

クラウドファンディングやスキルマッチングなど、参加を促しサポートする仕掛けもある。例えば、建築家が自分のスキルをサイトに登録すれば、プロジェクトが立ち上がる時に「空き家のリノベーションに参加しませんか」と通知が送られる。

心のままに走り続ける

「LOCALGOOD YOKOHAMAはセクター横断的なプロジェクト。多様な専門性を持つ人たちと有機的につながって生まれたイノベーションの結果です。アクセンチュアで培ったビジネススキルは役立ちましたが、一方で、NPOや行政などからも多くを学びました」

コンサルティングなどのビジネス手法の多くは、社会課題においても有効だ。ただ、ビジネス課題と社会課題には無視できない違いもあるという。

「社会課題の特性の一つは多種多様なステークホルダーの存在、もう一つは課題の決定因子が見えにくいこと。それらを見つけ出し、因数分解し、解決に向けて本質を追求する。これらを一連の流れにすることが重要で、アートに通じるところがあります」

かつて芸大を志し、落下傘型アウトソーシングで苦労した経験が垣間見える言葉だ。挫折から得る学びは大きい。だから、学ばなければならない。その学びは、アクセンチュアのビジネスにもフィードバックされている。

「プロボノなどを経験したメンバーは、ビジネスの本業に戻ってからも活躍しています。いろいろな要素が複雑に絡まった状況を整理し、本質的な課題を抽出する能力を磨いたからでしょう」

仲間の成長を心から喜ぶ市川は、同時に自分自身の成長にも貪欲だ。いま、市川の時間配分はビジネス8割、CSR活動2割程度だという。ただし、それらを分けて考えるのではなくアクセンチュアの事業、引いては日本市場全体の健全性を持続するためにはどちらも必要。それぞれの分野で成すべきことは多い。その実現に向かって走りながら、市川は**「まだ見ぬ自分を見たい」**と思っている。まだ人生の目的が見つからないからこそ、心のままに走り続ける。

「おもしろきこともなき世をおもしろく住みなすものは心なりけり」

市川は、この高杉晋作の辞世の句が何より好きだ。

常に開拓者でありたい。多少の波風はあっても大きく構えれば楽しめる。仕事も、人生も。

Person 05

マーケティングアナリティクスの先駆者

戦略コンサルティング本部　マネジング・ディレクター

秦　純子 Junko Hata

1974年生まれ。早稲田大学卒後、1997年アクセンチュア入社。小売、外食、消費財を含む製造業、流通業などのクライアントに対する、顧客視点の事業戦略、新規事業戦略、マーケティング戦略を中心としたコンサルティングサービスに従事。アクセンチュアのWomen's Initiativesのメンバーとして女性向けのキャリアセミナーなどでの講演多数。2012年以来青山学院大学ビジネススクール非常勤講師、2012年〜2014年には会津大学非常勤講師（ビジネスアナリティクス分野）、2013〜2014年にはInternational Women's Forum Fellow。

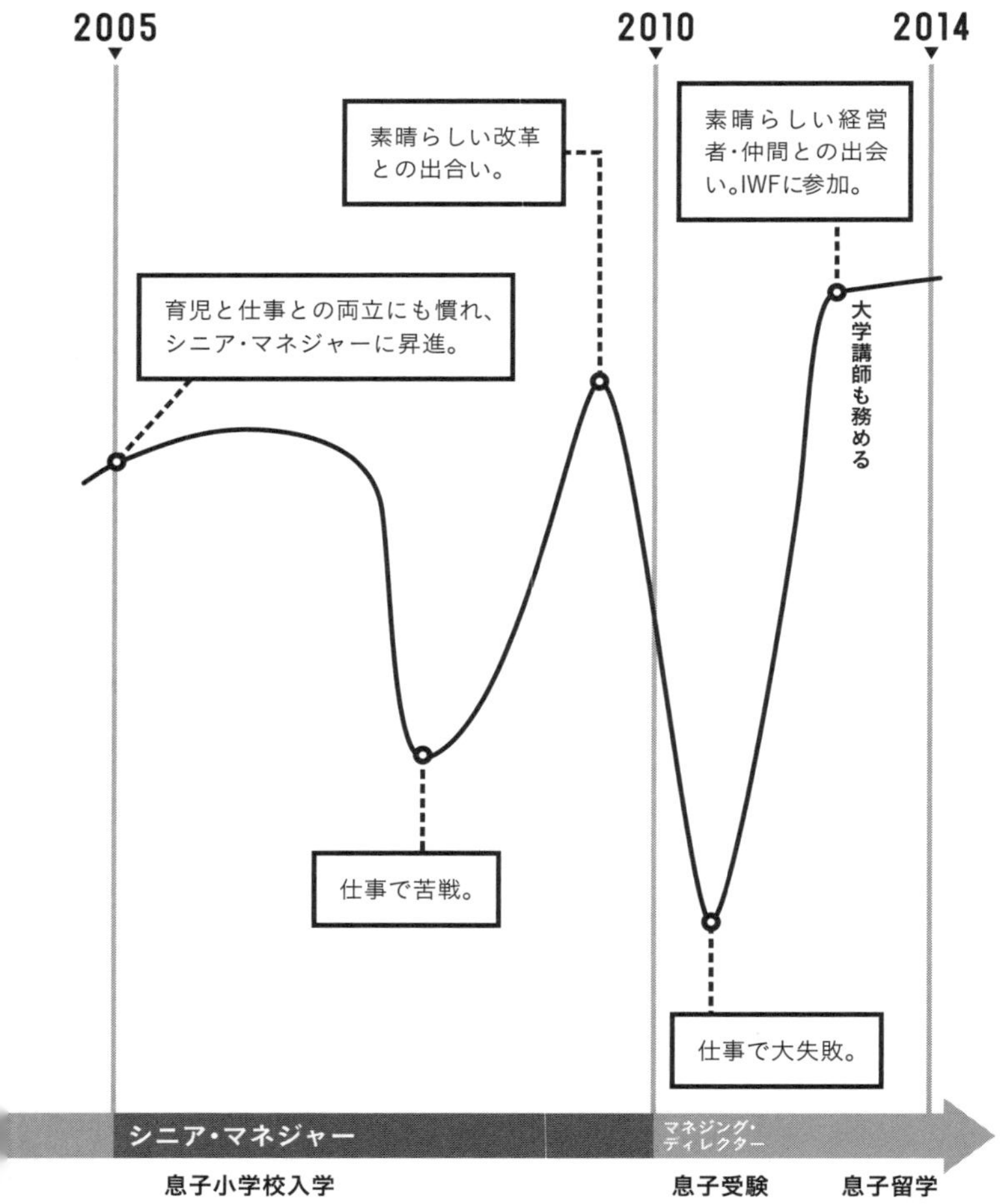
2005
2010
2014
素晴らしい改革との出合い。
素晴らしい経営者・仲間との出会い。IWFに参加。
育児と仕事との両立にも慣れ、シニア・マネジャーに昇進。
大学講師も務める
仕事で苦戦。
仕事で大失敗。
シニア・マネジャー
マネジング・ディレクター
息子小学校入学
息子受験
息子留学

秦　純子 モチベーション曲線

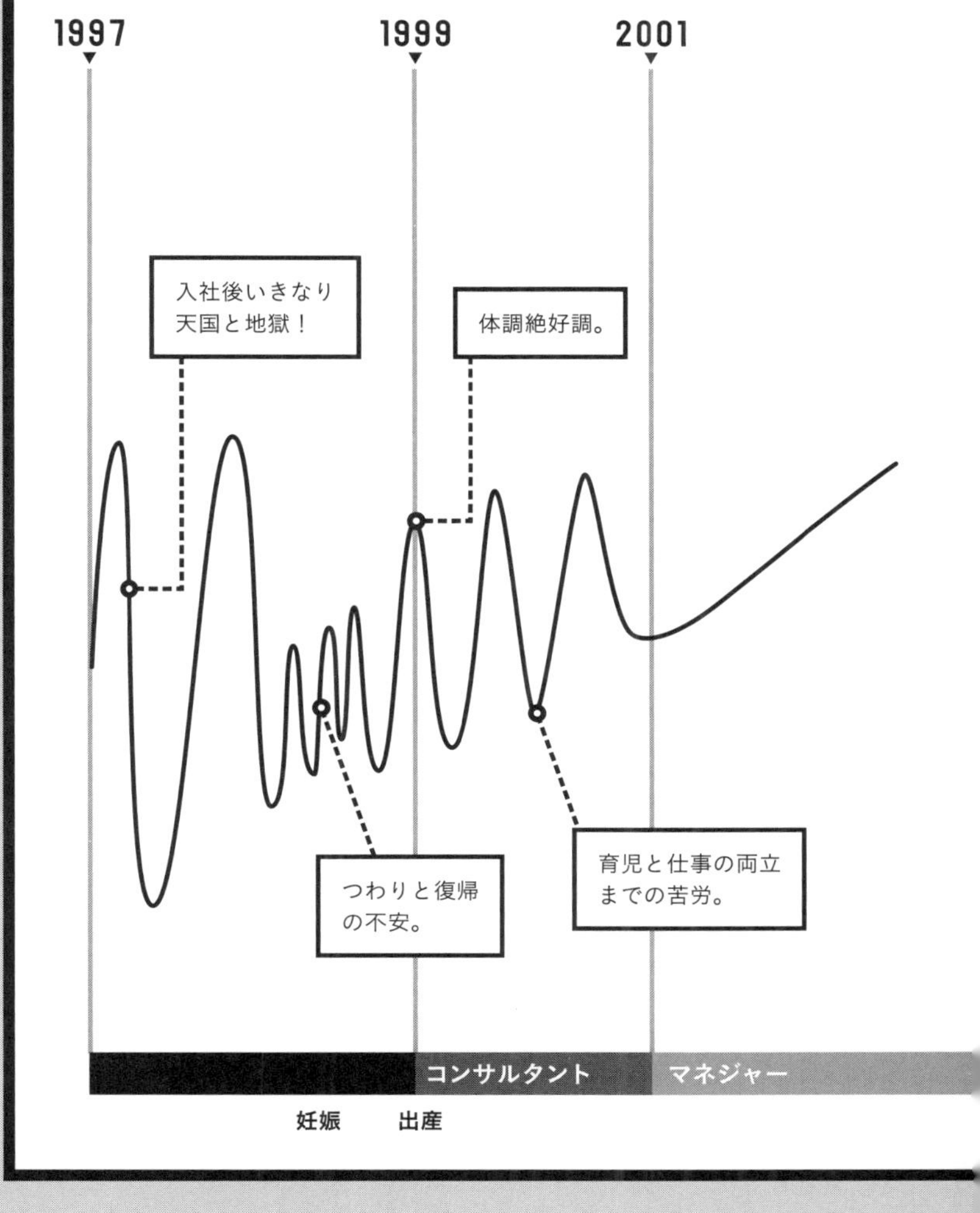

参考にするものがないなかで始まった挑戦

今日、日常生活を送る際にも、私たちはさまざまなデータを生み出し続けている。通勤通学時の交通系ICカードやショッピング時にレジに出すポイントカードなどなど、枚挙にいとまがないが、これらの日常生活に密着したアイテムからもデータが生み出され続けている。それらのデータは刻々と蓄えられ、分析を経てより良いサービスや商品づくりなどに生かされている。データの量は膨大。しかも、指数関数的なカーブを描いて増加している。いわゆる、ビッグデータの世界である。

ビッグデータ活用が期待を集めている分野の一つがマーケティング。いま、秦純子が立っている場所である。戦略コンサルタントの秦がアナリティクスを活用したマーケティングに取り組むようになったのは、とある顧客との会話がきっかけだ。2008年のことである。

その企業は大量の顧客データを蓄積していたが、そのデータをマーケティング効果測定の目的ではほとんど活用していなかった。広告や販促など従来からのマーケティング活動は勘と経験の世界。多額の費用を使っているのだが、どの程度の成果が上がっているのかを判断しにくい。

「せっかくデータがあるのだから、このデータ、特に個のデータを使ってマーケティングに客観性を持ち込めないだろうか」とその顧客は言った。

「そこから、長い戦いの道のりが始まりました」と、秦はいつもの笑顔で振り返る。

当時、アクセンチュアの海外オフィスでも、小売業において顧客データをマーケティング効果測定に活用した事例はけっして多くなかった。国内でも、おそらく同様だったろう。参考にするものが限られているなかで、アナリティクスを活用したマーケティングへの挑戦が始まった。

リーダーの秦のもと、業界の専門家や統計に通じたメンバーなどが集まった。秦を含めて4人のチームが最初に取り組んだのはデータの収集と整理だ。

「データはたくさんあるのですが、必要なものが整理されてそろっているわけではありません。さまざまな部門に協力してもらい、紙の文書も含めて情報を集めることからスタートしました」

次に、集めたデータをひたすらデータベースに入力した。地道な作業だが、これがマーケティングの土台になる。

マーケティング施策の効果を測定するためのモデルづくりでは、試行錯誤を繰り返した。秦たちのチームは当初、アクセンチュアグローバルで一般的な効果測定モデルを用いるつもりだった。それは、かなり複雑な計算式からなっている。これに対するクライアントの反応は、「難しい統計分析を使って結果を見せられても、現場の納得感が得られない」「ブラックボックスではなく、もっとシンプルに数字が出るようにしてほしい」というものだった。

実は、単純な計算式をつくるほうがはるかに難しい。試しては失敗し、失敗しては試して数カ月、ようやくシンプルかつ合理的なモデルが生まれた。

アナリティクスを活用したマーケティングのフロンティアへ

乗り越えるべきハードルは、モデルづくりだけではなかった。例えば、意思決定のスタイル。「勘と経験」から、「データに基づく意思決定」への移行は容易ではない。そのためには、実務に携わる人たちが「なるほど、これは役に立つ」と納得する必要がある。

秦たちのチームは分析結果を示しながら、粘り強く議論を続けた。やがて、マーケティング部門の幹部も徐々に理解を示すようになる。「この施策はどこを改善すれば良くなるかな？」「これは効果的だったようだけど、もう少し掘り下げて分析してほしい」などと秦に問うてくるようになったのだ。マーケティング現場の動きも変わってきた。

いま、その企業は広告・販促領域だけでなく、他の領域でもアナリティクスを活用している。長い時間をかけて、秦たちのチームはクライアントと一緒にアナリティクスの適用領域を広げていった。

アナリティクスを活用したマーケティングのフロンティアを走ってきた秦は、いわばビッグデータ活用の先駆者である。いまではビッグデータという言葉を聞かない日がないほど、この分野は注目されている。プロジェクトの当初は「誰も知らない」「やったことがない」という状態だったが、**その頃からアクセンチュア社内では「アナリティクスの時代が来る」という会話が交わされていた**ようだ。

「私自身も大きな可能性を感じていましたが、いかんせん文系出身の右脳タイプです。統計とか数学に詳しい人のほうが向いているのではないかとも思っていました。しかし、実際に始めてみると、戦略を立てる人や広告コンテンツを評価できる感性を持った人なども必要。多様な専門性がコラボレーションできる分野だと実感しました」

いま、秦はビッグデータ関連のセミナーで講演する機会も多い。また、青山学院大学ビジネススクールでは、セールスマーケティング専門科目を担当する非常勤講師でもある。会津大学でもビジネスアナリティクス分野の非常勤講師を務めている。

「青山学院大学では、半年間週1回のペースで授業があります。社会人の生徒さんが大半なので、一緒に学んだことを実践の場で試している人も多いでしょう。そう考えると、とてもやりがいを感じます。また、会津大学の授業はアクセンチュアの専門家10人以上が持ち回りで受け持っています。私はビジネス寄りの授業を担当していますが、アナリティクス方面の技術に強い社員も多数参加しています」

会津大学はコンピュータサイエンスに特化した大学として知られる。アクセンチュアが授業を受け持つことになったきっかけは、2011年に起きた東日本大震災だ。その年、アクセンチュアの幹部が集まる大規模な会議が会津若松市で開かれた。

アナリティクス人材の育成を通じて、地元に新しい産業を興せるのではないか。会議では、そんな議論もあったという。秦を含めた参加者たちの思いは、アクセンチュア福島イノベーションセンターに引き継がれている。

国連職員のアドバイスで見えた新しい進路

兵庫県で幼少期をすごした秦は、3歳の頃から母に「偉くならなくてもよいけど、一生働いてほしい」と言われて育った。

「純子が大きくなる頃には、女の人も普通に働くようになるだろう。働いて、社会に貢献してほしい」

母から間接的に聞かされた祖父母の言葉である。直接の記憶はないが、そんな祖父母を秦は尊敬している。

「祖父は電機メーカーの初期のメンバーでした。日本の女性の家事負担を減らしたいという思いで、冷蔵庫を作る事業に携わっていました。祖母は、当時では珍しく自分の娘４人が勉学を積むことや、海外で学ぶこと、仕事を持つことにとても肯定的でした」

そんな周囲の影響もあって、学生時代から**「就社ではなく、就職という意識が強かった」**と秦は言う。

大学では法学部に学び、国際環境法を専攻した。「世界の環境保護に関わる仕事がしたい」という気持ちで、２年と３年の夏にはニューヨークを訪れ、国連を主な活動の場とする伯父が経営するメディア関連企業でインターンを経験した。国連職員への道を模索するためである。そのときに国連職員と交わした会話が、進路を左右することになる。

「卒業後、ＵＮＥＰ（国連環境計画）で働きたい」と打ち明けた秦に対して、職員は「新卒で入ってくる人はほとんどいないよ」と言った。

「企業で仕事をして専門家になってから、ＵＮＥＰに移ってきた職員がほとんど。あなたも、まず専門性を身につけたほうがいい。できれば、国際的な活動をしている企業で」

それまで、就職先は国際機関かメディア関連企業と考えていたのだが、この言葉で秦の視界が開けた。大学4年の春、すでに就職していた大学の先輩からの誘いで、戦略系のコンサルティング会社でのインターンに参加してみた。そこで、よく知らなかったコンサルティングという仕事に興味がわいてきたという。

「与えられたテーマは、あるサービス事業の売上倍増戦略の策定。そのために取材して論点や解決策を検討し、最後はプレゼンです。**スピード感があって、ダイナミック。創造性を求められる仕事でもある。**『こんな職業があるのか』と驚きました」

このとき、秦を誘った先輩は後にアクセンチュアに転職する。今度は、アクセンチュアの社員として秦に声をかけてきた。そんな縁でアクセンチュアの門を叩き、秦は1997年に入社した。

新入社員の秦を待っていたのは、シカゴでの研修である。各国から同年代の新人が集まり、約2週間共にトレーニングを受ける。秦は**「まるで動物園みたいだ」**と思った。国籍や人種はさまざま。なかには軍隊から転職してきた社員もいる。豊かな多様性を目の当たりにして、秦は一種のカルチャーショックを受けたという。

帰国して配属された先は、戦略コンサルティング部門だ。以後、秦は一貫してこの部門に在籍している。最初とその次のプロジェクトで、秦は「天国と地獄」を経験した。

「たぶん、向き不向きの問題だと思います。最初のプロジェクトは私にぴったりのテーマでした。新しいビジネスを拡大したいという自動車メーカーに対して、さまざまな取材や調査を基に新たな新規事業戦略を検討するという内容。自動車用品店のカリスマ店長に取材したり、横浜の大黒埠頭で自動車マニアをつかまえて話を聞いたり、顧客調査を実施し分析したり。とても楽しく、充実したプロジェクトでした」

二つ目のプロジェクトは、物流改革がテーマだった。自動車とは異なり、目に見える商品があるわけではない。入社したばかりで物流の知識も不十分だった。

「毎日みんなに迷惑をかけていると思って落ち込みました。それを挽回するために遅くまで残って頑張ろうとするのですが、逆に、体調を壊して余計に迷惑をかけてしまいました。上司は『何でも一人でやろうとするな。新人なんだから、上司や先輩に見てもらうのは当たり前だ』と。その通りだなと思いました。この経験を通じてビジネスパーソンとしての基本、チームワークの大切さを学んだような気がします」

育児と仕事。両立に慣れると仕事が楽しくなる

入社してすぐに結婚した秦は、入社3年目に男の子を出産した。会社を辞めるつもりは

なかったが、本当にこれから仕事を続けられるだろうかと不安が募る。アクセンチュアには社内カウンセラーの制度がある。秦がカウンセラー役の先輩に相談を持ちかけると、こんな答えが返ってきた。

「僕は男だし、まだ子どももいないので分からないけど、**コンサルタントなんだから、いろいろなことを調べて役員会議で提案しよう**」

1998年当時、すでに産休や育休などのさまざまな制度は整ってはいた。しかし、実際にその制度が使われていたケースはほとんどなく、運用ルールは必ずしも明確だったわけではない。例えば、クライアントに対して、「この人はいま時短勤務中なので早く帰ります」と言えるかどうか。**実務の細部に入り込まなければ、本当に活用できる制度にはならない。**

そこで、秦はアクセンチュアの海外オフィスに話を聞いて回ったほか、ジェンダーダイバーシティで有名な企業を訪ね、他社の先輩たちに教えを乞うた。アクセンチュアの先輩を介して頼んだ競合コンサルティング会社の女性も、快く質問に答えてくれたという。こうして授かった知恵をまとめて提案をつくり、先輩が役員会議でプレゼンを行った。

「役員会議では、さまざまな制度を積極的に活用して復職できるようにしていこうという話に加え、私をどのように復職させるかという議論が行われました。私自身、いきなりクライアントワークに戻るのは不安だったこともあり、裏方の仕事で戻ることになりました。当時は戦略コンサルティングのリサーチ機能が不十分だったので、この機能を拡充するという仕事です」

また、クライアントのプロジェクトに参加するときには、クライアントに対して会社としてきちんと説明することが役員レベルで合意された。「**アクセンチュアは新しいことに挑戦し、新しいことを提案する会社。**さまざまな制度を活用して女性が活躍する姿を、ぜひクライアントにも見てもらおう」という内容である。

秦は出産1カ月前まで働き、産休入りした。出産後は5カ月の育児休暇をとった。

「育児は本当に大変でした。休暇中に電話をかけてきた上司に『プロジェクトで大失敗したときより大変です』と答えたこともあります。これからは、何が起きても動じないだろうとも思いました」

育休が明けて久々に混み合った電車に乗った秦は、大人の顔や手を見て「なんて大きいんだ」と驚いた。幼い息子だけを見てすごす日々が終わり、5時間の時短勤務が始まった。職場に到着すると、息子のことが気になってしかたがない。復職初日には30分に一度、オフィスの電話ブースから保育園に電話をかけ、「うちの子はどうしていますか」と泣きながら尋ねたという。

「保育園の先生からは、『息子さんは新しいお友達と頑張ってやっていますから、お母さんは仕事を頑張ってください』と言われました。とにかく、息子と離れるのがつらかったですね」

半年ほどかけてリサーチ関連の仕事に区切りをつけると、「またクライアントと仕事をしたい」と思うようになった。そう上司に告げると、**社内で「どのプロジェクトがふさわしいか」を話し合ってくれた**。こうして、クライアントワークに復帰。ただ、当初は時短勤務のハンデを感じたという。

「ミーティングでなかなか結論が出ない時、『あと30分あれば』と思っても、子どもを保育園に迎えに行くために話を切り上げなければなりません。部下への指示が不十分だったり、部下の相談にすぐに応じることができなかったりして、自分のなかでは葛藤もありました」

当時、秦はマネジャーとして7、8人の部下を率いていた。時短勤務をカバーするため、子どもを寝かしつけてから夜中にメールをチェックし部下に指示を送る。そんな秦の姿を見て、女性の部下は「そんなに無理をすると私たちもつらいです」と言った。ただ、しばらくすると、育児と仕事との両立に慣れてきたという。

「長引きそうなミーティングは午前中に入れるとか、ちょっとした工夫ができるようになった。両立に慣れると仕事も一層楽しくなりました」と秦。勤務時間も少しずつ増やしていった。

健やかに育った息子は小学校に入学、その後、中学受験を乗り越えていま中学3年生である。2014年夏には、米国での1カ月間の短期留学に送り出した。

「常日頃、息子によく話しているることがあるんです。『友達がたくさんいて、女の子にモテて、そして世界で活躍できる人になってね』って。息子は『2番目は期待しないでくれ』と言っていますけど」

母親の笑みがはじけた。

「社会に貢献しなさい」と祖父母は言った

2010年、秦はマネジング・ディレクターに昇進した。リーダーとしての責任は一層重くなり、アクセンチュアの進路についても意見を求められる立場だ。秦は数々のプロジェクトを率いながら、自分の役割を見直していた。そんなタイミングで米国のオフィスから連絡が入った。メールをくれたのは、幹部クラスのリーダーシップ育成を担うグローバルの責任者だ。2013年夏のことである。

「毎年2、3人の女性リーダーを選んでIWF（International Women's Forum）のフェロープログラムに派遣をしているのだけれど、今年はジュンコを推薦したい。両立は大変だけれど応募する？」

IWFは米国の女性リーダーたちが創設した団体で、現在では世界33カ国に5500人以上のメンバーを擁する。毎年、世界中から若手リーダーをフェローとして約30名選考し育成プログラムを提供していて、例年、経営者や政府機関の幹部、大学教授などパワフルな女性たちが名を連ねている。ただ、日本人の参加メンバーは一人もいない。ならば自分が初の日本人になろうと思った。

「社長の程とコンサルティング部門の責任者のジェフに相談したところ、『せっかくのチャンスなんだから、やったほうがいい』と背中を押してくれました。そういうところが、アクセンチュアらしさだと思いますね」

さっそく申込用紙とエッセイを何本か書いて申し込み、香港のIWFメンバーとの電話面接を経てプログラムへの参加が決まった。

プログラムの中核となるのは、1年間に3回開かれる1週間ほどのセッションである。2013年10月にカナダのブリティッシュコロンビア、14年2月には米国のハーバードビジネススクール、6月にはフランスのINSEADで開催された。

上／IWF に参加したときのメンバーと。世界中から集まった女性リーダーたちと朝から晩まで議論を交わした毎日は、自分の歩むべき道を確信した日々でもあった。下／週末は、ヨガ・加圧スタジオや、ウォーキング、マウンテンバイクなどで汗を流し、長期休暇にはダイビングを楽しむ。ゆったりとした趣を漂わせるが、仕事もオフタイムもアクティブ。

「セッションには世界中から34人の女性リーダーが集まり、朝から夕方まで講義やディスカッションが行われます。グローバル企業の役員クラス、行政組織や軍の幹部など非常に多彩なメンバーでした」

すべての出来事が印象に残っている。例えば、ジェンダーダイバーシティが議論のテーマになったことがある。女性の役員比率、管理職比率などを示す各国の棒グラフが並ぶなかで、一番端の低いところが日本の定位置だ。秦はこれまで以上に、「社会と女性」を考えるようになった。

「女性の活躍という点では、先進国のなかで最も遅れているのが日本。すごく残念ですし、なんとかしなければという気持ちが一層強まりました」

だから、女性が働きやすい環境づくりの社内の議論にも積極的に参加するし、「女性の活躍」をテーマにした会議のパネリストを依頼されれば、できるだけ引き受けている。

「出産前、女性が活躍している企業や競合コンサルティング会社の方から、女性が使いやすい制度や運用ルール、復職に向けたアドバイスなどをもらって、とても助かったことがあります。私も他の企業から頼まれたときには、差しさわりのない範囲でお話しするようにしています」

いま、秦があらためて噛みしめているのは、彼女にとっての〝ヒーロー〟〝ヒロイン〟

である祖父母の思いだ。祖父母は「社会に貢献してほしい」「そのためにずっと努力をしてほしい」と言った。

「祖父母の思いを胸に仕事と子育ての両立に挑戦してきましたが、私がここまでやってこられたのは、良きクライアント、上司、仲間、部下たちに恵まれ、家族、特に母と息子がサポートしてくれたからこそです」

ビッグデータの活用は社会全体の効率化、新しい価値の創出に大きな力を発揮することが期待されている。支えてくれる人たちへの恩返しも含めて、本業を通じての社会貢献はもちろんだが、大学教育の場やセミナーへの参加など、秦はこれからもできる限りのことをしたいと思っている。

デジタル化時代の創造的破壊者たれ。一人ひとりの社員＝ドットの組み合わせが2乗にも3乗にもなる化学反応が起きる。

Person 06

あだなは「教授」「占い師」。テクノロジートレンド分析の第一人者

デジタル コンサルティング本部
先端技術ビジョニング＆ＩＴ戦略プロフェッショナル
アソシエイト・プリンシパル

樋口陽介 Yosuke Higuchi

1975年生まれ。大阪大学卒後、1999年アクセンチュアに入社。通信・ハイテク業界を中心とし、中長期ビジョン、新規／既存事業戦略、IT戦略などの戦略立案や、企業統治、リスク管理、事業継続計画、組織戦略などのガバナンス領域に従事。

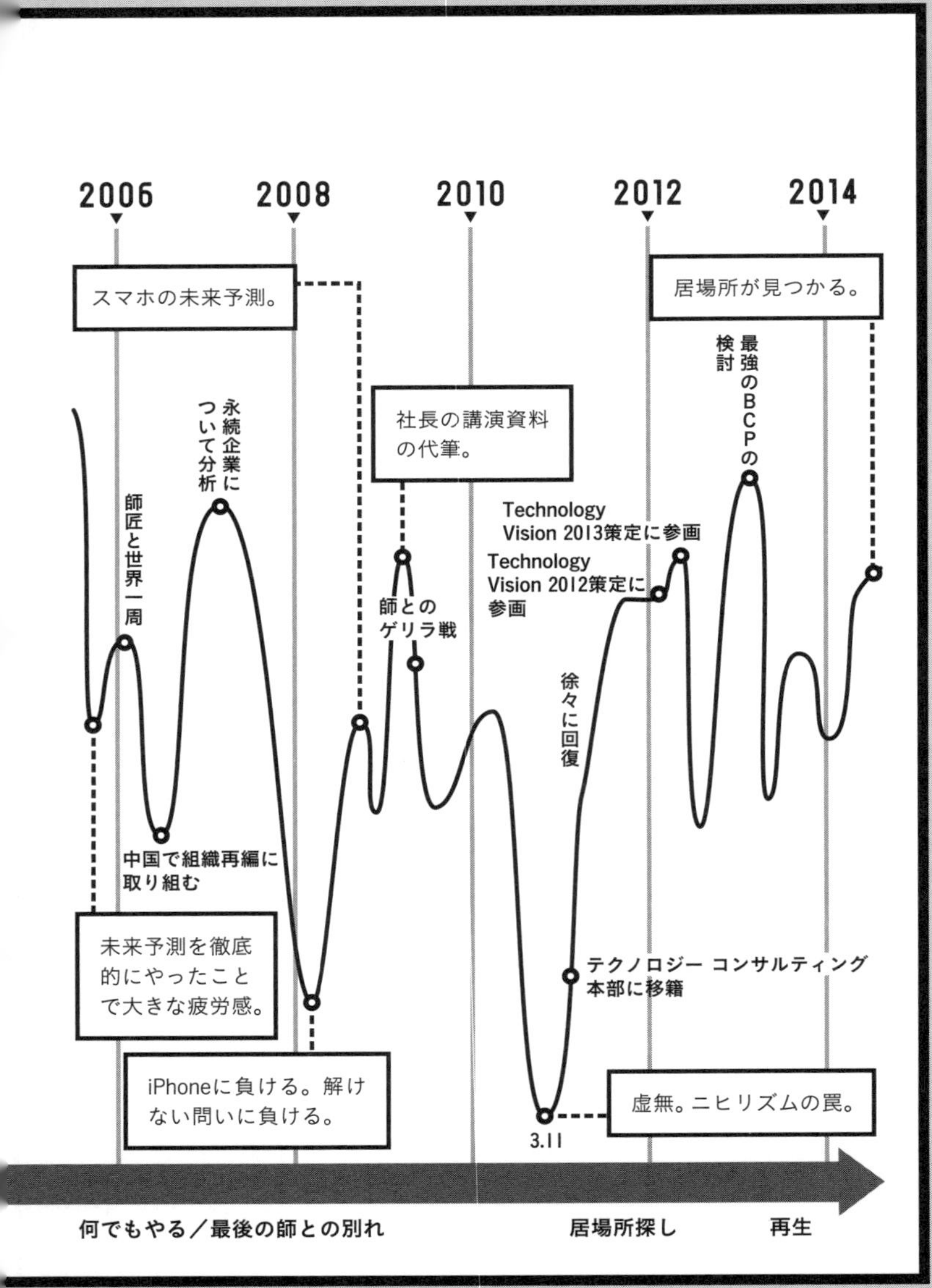
2006
2008
2010
2012
2014
スマホの未来予測。
居場所が見つかる。
最強のBCPの検討
永続企業について分析
師匠と世界一周
社長の講演資料の代筆。
Technology Vision 2013策定に参画
Technology Vision 2012策定に参画
師とのゲリラ戦
徐々に回復
中国で組織再編に取り組む
未来予測を徹底的にやったことで大きな疲労感。
テクノロジー コンサルティング本部に移籍
iPhoneに負ける。解けない問いに負ける。
虚無。ニヒリズムの罠。
3.11
何でもやる／最後の師との別れ
居場所探し
再生

樋口陽介 モチベーション曲線

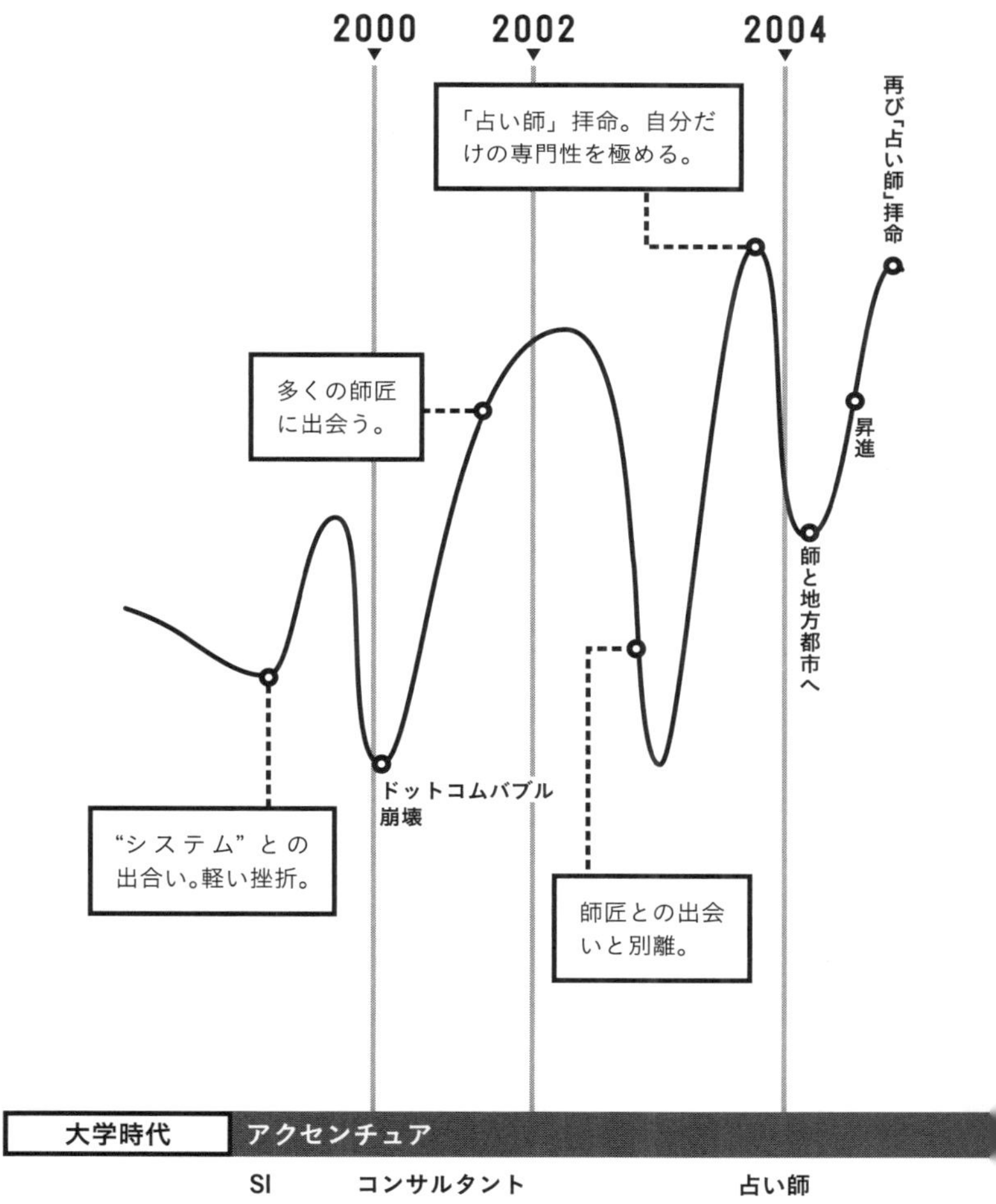

デジタル社会の未来を展望する

アクセンチュアは2013年12月、グローバルで「デジタル コンサルティング本部」を立ち上げた。別名、アクセンチュア デジタル。デジタルマーケティングやモビリティ、アナリティクスなどの専門性を持つ人材を集めた新組織である。

樋口陽介はアクセンチュア デジタルのキーパーソンの一人だ。知恵袋、あるいは参謀とでもいおうか。普段の仕事ぶりはというと、デジタル化されたビジネスや社会の未来に思索を巡らせたり、新ビジネスのアイデアをまとめたり。各種のプロジェクトのミーティングを掛け持ちして、議論に別の角度から光を投げかけることもある。樋口がいつもの考えを巡らせるための習慣でオフィスを〝散歩〟していると、「ちょっと頭、貸してくれる?」と言われてブレストに駆り出されることも少なくない。

「以前から予想されていたことですが、**デジタルがいよいよ世の中のど真ん中に入ってきました**」と樋口は言う。デジタルシフトという巨大な潮流を見すえて、すでにさまざまな企業が動きはじめている。そんなメガトレンドに対応するだけでなく、自ら変化を起こすためにアクセンチュア デジタルは生まれた。

「**デジタル化は産業や社会の構造にも変化をもたらす**でしょう。例えば、自動車や小売り、さまざまな業界のビジネスとデジタルを掛け合わせると、何が可能になり、どんな未来が予想されるか。既存の業界の垣根は揺らぎ、産業の生態系は組み替えられるかもしれません。また、個々人の働き方も変わります。いくつかの業務はなくなるかもしれませんし、コンピュータに置き換えられる可能性もあります。逆に、これまで存在しなかった業務が新しく登場するでしょう」

ダイナミックに変化する社会の本質をとらえ、未来像を描きながら思考実験を繰り返す。それが樋口の仕事だ。**「正直言って、毎日が楽しくてしょうがない」**と樋口は言う。

デジタル化の潮流の〝ものの見方／考え方〟として樋口は三つの動きに注目している。

第一に、**人間とネットワークとのつながり**。端的にいえば、スマホである。「スマホは人間センサーでもあるし、これからカンブリア爆発のように出てくるウエアラブルデバイスはスマホの機能拡張です」と樋口。「ゲームのアプリで遊んだ」「ここでレストランを検索した」といった人間の行動や位置情報を、スマホは逐一ネットワークに送っている。

第二に、**モノとネットワークのつながり**。センサーがさまざまな機械や設備に搭載され、ネットワークとの間で会話するようになった。樋口は「技術が枯れてきたのでリアルなものをデジタルの世界に写像転換する技術やデバイスが登場してきた」と言う。現実世界で起きたことをコンピュータが処理可能な定量データに変えて、現実世界をコンピュータで処理可能な姿にバーチャルに再現したものが、ここでいう写像である。写像を見れば、「いま世界で何が起きているのか」を知り、プログラムに従って現実の世界に影響を及ぼすこともできるし、それを見て人が適切な打ち手につなげることができる。そんな未来がいま、現実のものになりつつある。

第三に、**ネットワーク（インターネット）上の情報をつなぎ、整理・分析するための技術**。ネットの向こう側で処理するというクラウドという考え方はもはや当たり前になったし、結果、クラウドの情報や機能の連携の結節点に位置し、プログラム間のコミュニケーションを仲立ちするWeb API（Application Programming Interface）の重要性は増し、それから大量のデータや、それを分析するアナリティクス、こうした技術は生活やビジネスのあり方の組み替えや、自動化を促すだろうと樋口は考えている。

デジタルテクノロジーが主導するリアルな世界の変化は、結果としてもたらされる少し先の世界を意識して見れば、恐ろしいまでの速度で現在進行中だ。これまで、インターネットがもたらした変化の主役は新興ドットコム企業だった。しかし、いまや既存の大企業がデジタル世界の主役に躍り出る余地が出てきたし、出られなければそれまでだ。

そんな企業のビジネスパートナーとして、アクセンチュアはさまざまなプロジェクトを推進している。同時に、**アクセンチュア自身もデジタルをテコに変わろうとしている。そ**

の牽引役がアクセンチュア デジタルなのだ。樋口は「ここが自分の居場所だ」と感じている。

「いろいろなプロジェクトを重ね、巡り巡って元の場所に戻ってきたような気がします」と樋口。これまで、**仕事の選り好みをせず、「お前が必要だ」と言われれば素直に引き受けてきた**。そんなプロジェクトの数々を、またそこで見聞してきたことを樋口は「ドット」と呼ぶ。スティーブ・ジョブズのいった〝Connect the dots〟と同じ意味だ。無関係に見えた点と点がある時つながり、意味を持ちはじめることがある。

だから、樋口はその時々で巡り合ったドットの一つひとつを大切にしてきた。樋口は**「ドットは個々のプロジェクトであり、知識の断片であり、人との縁でもある」と思っている。その集積がいま、デジタル社会を見通すための力になっている。**

樋口のいうドットには、それ以上の意味が込められている。学生時代、バーテンダーのアルバイトに励んだ時期がある。現代芸術家のたまり場だったバーのマスターが口癖のように「Life is noise：人生はノイズである」と話していた。芸術の様式の外側にある偶然性、つまり**ノイズのなかにこそ美や真実はある**ということ。樋口はいまも時々マスターを思い出して、その通りだなあと実感したりする。

「たまたま今朝の電車の中で、スマホのアプリを巧みに操作しているお年寄りを見かけました。家電量販店が配布しているアプリです。『ここまできたか』と思いながら、しばらく観察していました。それは本当に小さな出来事で、取るに足らない一つのドット（点景）でもあります。また、何かの役に立つわけではないノイズでしょう。ただ、僕がそれを記憶の引き出しに入れておけば、いつか何かと結びついて価値を生み出すかもしれない。**自分なりのものの見方や考え方って、ノイズの結晶のようなもの**だと思うのです」

大と小、両方を考えながら思考を前進させる

ところで、樋口の話した「元の場所」という言葉には含意がある。時間を10年ほど巻き戻してみる。

２０００年代半ば、樋口は仲間たちからいくつかのニックネームを授かった。「占い師」「フューチャーテラー」「教授」などである。きっかけは、あるシンクタンクから舞い込んだ仕事だった。１９９９年にアクセンチュアに入社して5年ほどが経ち、コンサルティングの醍醐味が分かるようになった時期である。

プロジェクトのテーマは「２０１５年のユビキタス社会予測」。つまり、10年後の社会の青写真を描いて見せてくれという依頼である。

「10年先のユビキタス社会をどのように予測するか。政治や社会環境を予測するための方法論やフレームワークはありますが、それだけでは足りません。そこで、ありとあらゆるテクノロジーの予測を集めました。例えば、通信の速度やインターネットの普及状況、半導体の集積度、エネルギー需要、モーターや蓄電池の性能などです。こうして2カ月をかけて頭のなかに技術のデータベースをつくり、そこに自分の持つ人文社会学の知識やアクセンチュア中の知見を掛け合わせ、それらを基に1カ月でレポートをまとめました」

樋口の表現によると、〝知らないものスイッチ〟が入った。**自分が知らないことを苦心惨憺して知るというプロセスは、樋口にとってこのうえない喜び**である。世界中の情報にアクセスして情報を吟味し、思考を積み重ねて、10年後のユビキタス社会像を組み立てる。寝食を忘れるほどのめり込んだ知的格闘の日々。至福の3カ月だった。

樋口がまとめた予測の正確性は、後に事実によって証明されていく。前述した「モノとネットワークのつながり」やクラウドコンピューティングの普及などは、ほぼ予測通りに進展している。また、「さまざまな家電の機能が汎用デバイスに吸収される」との見通しは、2007年のiPhoneの登場を契機に現実のものになりつつある。

このとき自分のなかに構築した技術データベースを、樋口は毎日自分のアンテナに引っかかる数百の記事（ドット）と照らし合わせ、アップデートし続けている。その継続が

「教授」と呼ばれる所以《ゆえん》だ。だから、「分からないことがあれば樋口に聞け」となる。

もう一つ、「画伯」という異名もある。それは樋口の持つ知識の量ではなく、抽象化思考の能力によるところが大きい。

高度に複雑な問題、曖昧模糊とした対象の全体像が、一つのグラフ、1枚の図によって明確な輪郭を現すことがある。埋もれていた本質の塊に到達した時の、コツンと音が響くようなビジュアルが示されるだけで、停滞気味だったミーティングが急に活性化する。そんな絵を描く樋口に、社内のプロフェッショナルたちは「画伯」の冠を与えた。

ドットまたはノイズと抽象化思考の両方を行き来しながら考えるのが、樋口のスタイルだ。虫の目と鳥の目と言い換えてもいい。樋口の父はよく「クジラからメダカまで」と言っていたそうだ。大きなことも、小さなことも大事。両方の目線を行き来しながらよく観察し考えることで洞察力を得ることができる、より良い結論を導くことができる。それは、いまも樋口が大事にしている姿勢である。

「**大きなことと小さなこと、両方を考えながら思考を前進させる。それは自分のスタイルに合っていますし、コンサルタントとして重要なこと**ではないかとも思います」

また、樋口はロジカルシンキングを基本スキルとするコンサルタントのなかでも特に高い専門性を持つ。「元来僕は抽象的思考の人間だった」と自任しつつ、一つひとつのプロ

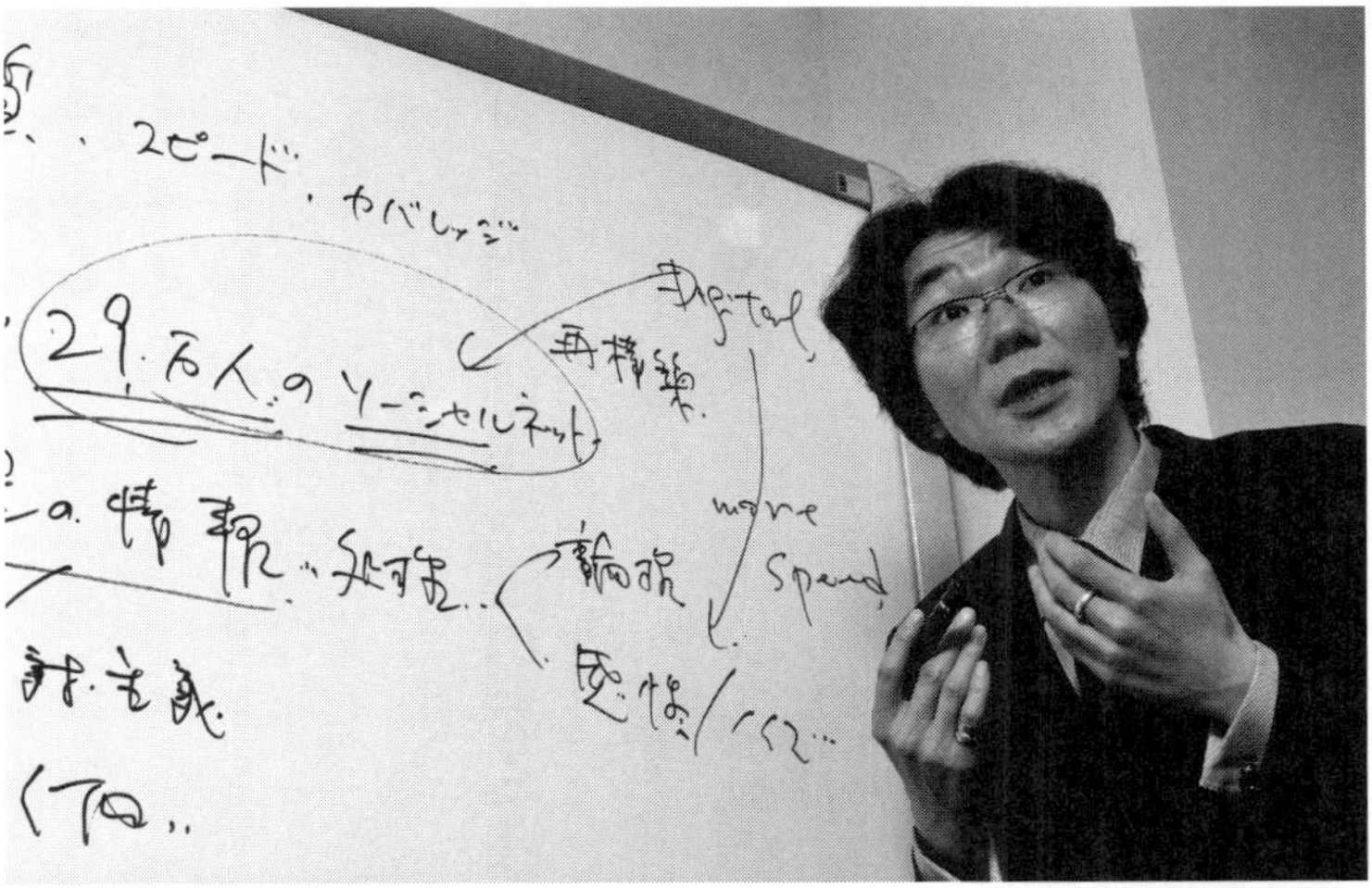

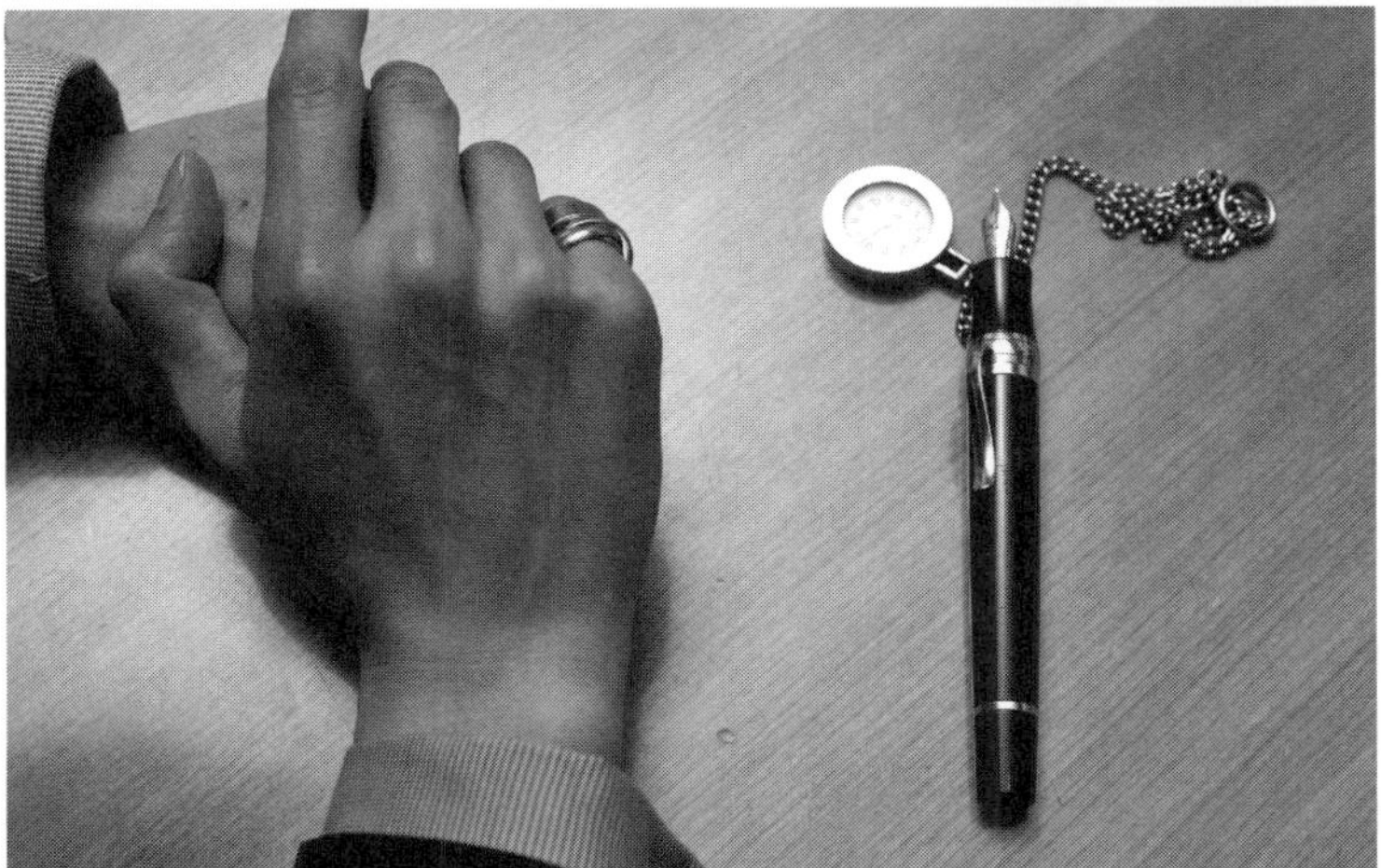

上／話し出すと、かつて社内で冠された異名「教授」そのままに、学究肌の素顔が現れる樋口。愚直なまでの誠実な探求心で仕事にも向き合う。下／愛用の Stipula の万年筆と、ALESSI の時計。さまざまな場面で出合う「ドット」と「ドット」をつなぎながら、思考を深めるツールでもある。

ジェクトを通じて実践的、意識的に身につけたロジカルシンキングを獲得してきたことが注目されて、「新人にロジカルシンキングを教えてやってくれ」と言われたのがきっかけだ。以来、7、8年にわたって講師役を務めた。その内容をまとめた『コンサルタントの考える作法』（PHP研究所）は、2009年に上梓された。

デジタルには世の中のあらゆる事象をつなぐ力がある

1975年に兵庫県で生まれた樋口は、社会人になるまでを関西で過ごした。大学時代にはホームページ制作を請け負うベンチャー企業に参加したり、バーテンダーのバイトに精を出したりもしたが、もともと勉強することは大好きだ。専攻は国際政治学だが、経営書などもよく読んでいたという。

「新しい経営理論を学んで『このネタは政治学にも使えるのではないか』などと考えていました。例えば、経営の世界では基本的なことだけれども、効率追求や事業性評価の概念といった違う領域の常識を取り込めば、新しい政治学像を提示できるのではないかとか」

大学院への進学を目指したが、政治学において専門性を深掘りする傾向が強まるなかで、樋口のような間口の広さを前提とした考え方は受け入れられにくかったようだ。狭い学問エリアを突き詰めるだけでなく、社会やビジネスも含めた大きな視点で政治をとらえることも大事。当時から変わらぬ、樋口のスタンスである。

結局、院試の口頭試問で教員と激論になり、アカデミズムへの道は閉ざされた。あれから15年、樋口は当時を振り返って「あの時主張したことが、いまこそ政治学に求められている。伝える術は未熟だったけれど」と思う。

アクセンチュアに入社したのは１９９９年。就職活動に際しては、将来の社会がどのように変わるかを考えた。

「その頃、最も大きな変化はインターネットでした。ベンチャー企業に関わった経験もあり、インターネットは間違いなく世の中を変えるだろうと思っていました。そんな時代に何をすれば面白いだろうと考えて、アクセンチュアを選びました」

ベンチャー企業での経験だけでなく、そこには学んだ政治学の視点も生かされている。

有史以来、そもそもテクノロジーは戦争のスタイルを変え、交易の手段や構造、そして人々の暮らしを変えた。それは、人類の歴史を動かす駆動力である。インターネットというテクノロジーの持つパワーを樋口は確信していた。

入社後、最初の仕事はプログラミングだった。樋口にとってはまったく未知の分野だが、**「デジタルテクノロジーの基礎となる素養は必須」**と思い、自ら希望して配属された。

「将来どんな仕事をするにしても、ＩＴの最前線での感覚や知識は必要だと思っていました。最初のプロジェクトは、大手製造業におけるサプライチェーン関係のシステム構築です。自分の書いたプログラムが業務システムを形成していく仕組みが見えてくるにつれ、夢中になって取り組みましたが、在庫を減らしたり、モノの流れをスムーズにしたりするためのシステムが、サプライチェーンという業務に及ぼす作用という原理原則を学ぶことができました」

その後ドットコムバブル崩壊の影響を受け、樋口にとっては持て余すような日々が続いたが、先輩との出会いが扉を開いた。樋口は自分を導いてくれた先輩や上司を、「師匠」と呼ぶ。**何人もの師匠との縁（ドット）が、キャリアの節目で大きな意味を持つことになった。ドットとドットがつながって次のプロジェクトが始まり、新しい知見と経験を獲得する。**樋口はそんなふうにして、キャリアの階段を一つひとつ上ってきた。

素養を学び取った後の最初の師匠とのプロジェクトでは、リサーチャーとしての役割を与えられた。

「ここでは、ベンチャー時代の経験が生きました。シンクタンクなどによる調査だけでなく、ネット上に散在する情報を集め、ふるいにかけて信頼に足るレポートにまとめる。例えば、ある商品やサービスなどの市場規模を調べたり、将来の市場規模を推定したりするのです。いろいろな要素を組み合わせて、自分で情報ソースをつくるような仕事でした」

この頃、樋口は業務コンサルティングに携っていた。師匠からは仕事の進め方、コンサルタントとしての作法などを厳しく指導されたという。さらに、何人かの師匠との仕事／交差を経て、樋口は戦略コンサルティング部門に異動した。入社3、4年の間に、プログラマーから業務コンサルタント、そして戦略コンサルタントへ。仕事の内容はもちろん、仕事の進め方やコミュニケーションのツボも変わってくる。

「業務コンサルタントと戦略コンサルタントの仕事は相当違います。僕にとっては、それまでの経験が通用しない非連続的な変化でした」

樋口はこの変化にすぐに対応できたわけではない。**スランプに陥ったときに救出してくれたのは別の師匠だった。**

「ものすごく仕事のできる先輩でした。その人が参加して1、2時間ほどディスカッションをすると、クライアントへの戦略提案はほぼ完成してしまう。それは、誰も文句のつけようのない内容でした」

その師匠からは、戦略コンサルタントの仕事を教えられた。いわく、無駄な時間をかけて穴のない分析に拘泥するのではなく、どの枝葉を捨てるかを考えよ。「AもBも」ではなく、「AかBか」を早く決めること。行動を共にして教えを咀嚼するなかで、樋口は戦略コンサルタントとしての考え方を身につけた。

例えば、提案書に書く文字数は減り、以前よりも文字がふた回りほど大きくなった。大事なことだけを、クライアントの経営者やキーパーソンに伝えるためだ。以後、樋口は「言葉を吟味し、さらに言葉の面白さを加味し、2行くらいのメッセージにすべてを込める」よう心掛けている。そここそが戦略コンサルタントの付加価値なのだということを学び取った。

ドットの数が増えるにつれて、樋口の間口は広がり知識量も増えた。調達や生産、販売、研究開発、会計、総務に至るまで、企業活動のすべての機能について、樋口はなんらかのプロジェクトを経験している。それらを横串で貫くＩＴについても同様だ。

もう一つの軸を挙げるとすれば、リベラルアーツである。政治や社会、文化、文芸など広範なジャンルを横断して、樋口は読書遍歴を重ねてきた。自宅の書斎は汗牛充棟。仲間内からは「樋口文庫」と呼ばれている。

再びジョブズのひそみにならえば**「テクノロジーとリベラルアーツの交差点」、正確に言えばビジネスを含めた三つの道かもしれないが、樋口はその交差点に立って時代の行く先を見つめている。**

その成果の一つが、毎年発表されるAccenture Technology Vision（アクセンチュア・

テクノロジー・ビジョン）である。樋口は2012年版から参画しており、2014年版では監修者のような役割を務めた。2014年版の副題は**「すべてのビジネスがデジタルに　デジタル化時代の創造的破壊者へ」**である。

「予測屋の心構えとしては、できるだけ一つひとつの要素、つまりドットを等価（フラット）に見るよう普段から心掛けています。その意味では、デジタルというのも世の中への影響力の一つの要素にすぎません。すべてをフラットに眺めるなら、テクノロジーがあっても社会的にはまだ無理だというのも考慮すべき大事なことです。

しかし、**デジタルにはあらゆる世の中のドットをつなぐ力がある。新規性のある、クリエイティブなつなぎ方を見つけることが、僕たちの価値**といえるかもしれません。先入観にとらわれない面白いつなぎ方を発見するためにも、それぞれのドットにはぎりぎりまで重みづけをしない。それが意識的にやってきた僕のものの見方／考え方で、普段から『情報に貴賤はない』と思っています。究極の価値相対主義者かもしれません」

Life is noise ――シグナルだけでなく、ノイズにも耳を傾けながら予測した未来像は2012年版以降のテクノロジー・ビジョンにも反映されている。

多様な専門性がなければ勝てない時代

「自分はこの分野の専門家になりたい」と進む方向を限定し、「これをやってみないか」と誘われて断る人もいる。それもひとつの選択だが、せっかくの機会を見送っている可能性もある。樋口の場合は、**機会があれば拒まず経験を重ねて、別の軸の専門性を手に入れた。**「意識的に専門性を選び取ったわけではない」と樋口は言うが、結果としてユニークな専門性が形成された。

現在の肩書は「アソシエイト・プリンシパル」。組織を束ねる立場のキャリアトラックではなく、専門性を極める方向の道を歩んでいる。アクセンチュアには以前からエキスパートトラックが用意されていたが、2010年頃に大幅に拡充された。

「2011年に、戦略コンサルティング部門からテクノロジー コンサルティング本部に異動しました。そのとき、『**これからは社会とテクノロジーの目利きでやっていく**』『**専門性で勝負する**』と決めました（2014年にデジタル コンサルティング本部に異動）。社内の上の世代に専門家のプリンシパルは多いのですが、僕くらいの年齢では珍しい。その意味では、アクセンチュアのキャリアダイバーシティを体現している社員の一人です」と樋口は笑う。

なぜ、アクセンチュアはエキスパートトラックを強化するのか。樋口の解説はこうだ。

「**専門性という意味でのダイバーシティがなければ勝てない、あるいはクライアントのニーズに対応できない時代になりました。**だから、さまざまな専門家を育てようとしているし、その専門家が長く活躍できるよう舞台を整えている。僕はそう理解しています」

アクセンチュアのダイバーシティには多様な軸がある。専門性、国籍、性別等々。**一人ひとりの社員――樋口の言うドット――がつながり、コラボレーションすることで化学反応が生まれる。**樋口はアクセンチュアのそんなところに、魅力と強さを感じている。

「アクセンチュアの一番の強みは量だと思います。量はダイバーシティの必要条件。アクセンチュアには、世界で30万人以上の社員がいます。本当にいろいろな人がいて、時にぶつかることはあっても、基本的にはお互いに助け合いながら仕事をしています。**ドットの数自体も多いのですが、ドットとドットの組み合わせは2乗にも3乗にもなります。**そこには、ものすごい可能性があると思っています」

デジタル社会の未来、そのなかでアクセンチュアが成し得ることを思い描きながら、樋口は静かに世の中とテクノロジーの動向を観察し続けている。

追い求めてきたのは「オープン化の思想」。市民一人ひとりのためのITで一極集中型の日本を変えていきたい。

Person 07

被災地・福島に身を投じて、日本の新たな都市モデル構築に挑む

福島イノベーションセンター　センター長

中村彰二朗 Shojiro Nakamura

1963年生まれ、1986年からUNIX上でのアプリケーション開発に従事し、国産ERPパッケージベンダーなどの経営に関わる。その後、サン・マイクロシステムズを経て、2011年1月にアクセンチュアに入社。同年8月に福島イノベーションセンターのセンター長に就任。地域主導型スマートシティ事業開発などの復興プロジェクトに取り組む。

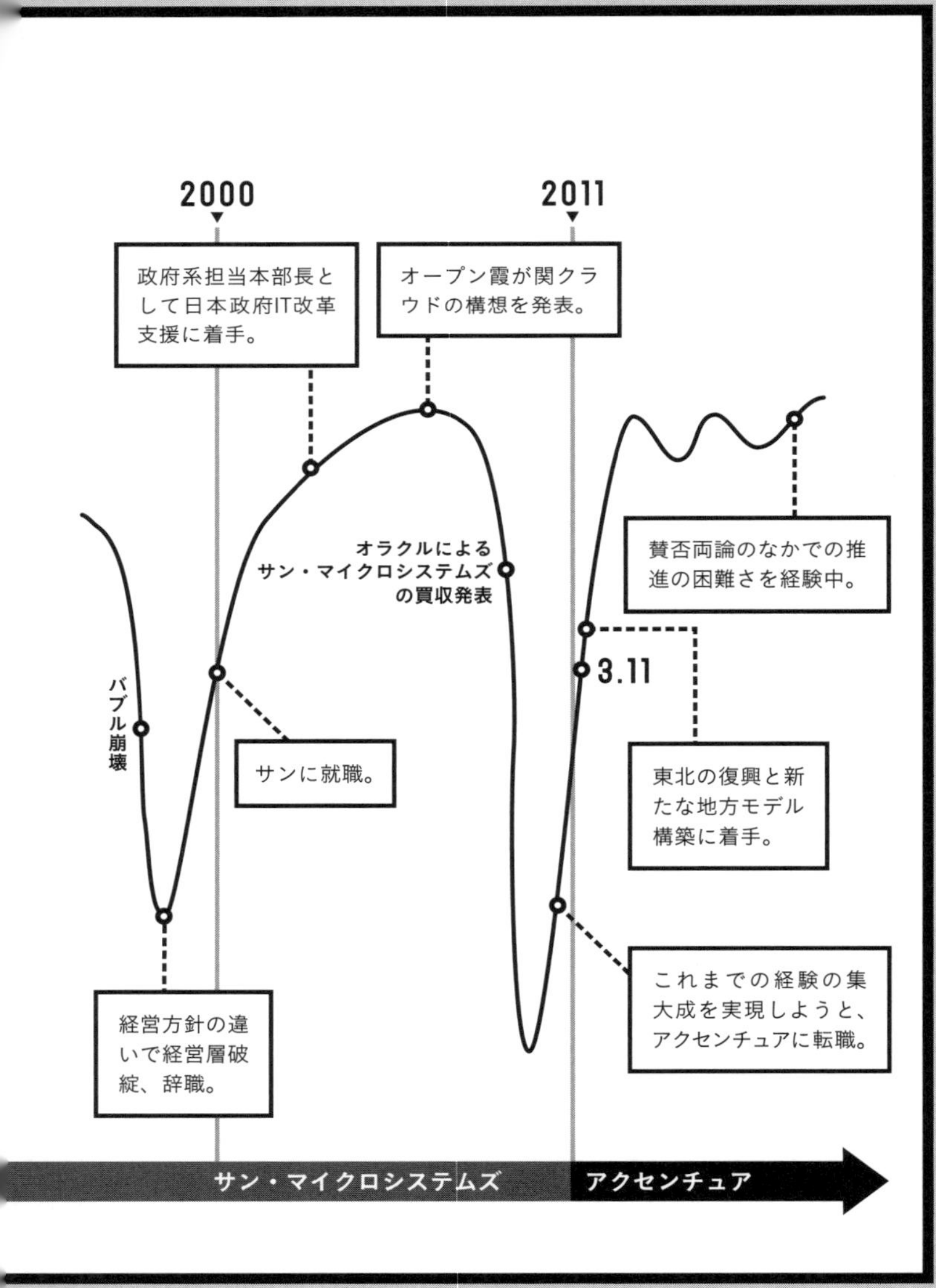
2000
2011
政府系担当本部長として日本政府IT改革支援に着手。
オープン霞が関クラウドの構想を発表。
オラクルによるサン・マイクロシステムズの買収発表
バブル崩壊
サンに就職。
経営方針の違いで経営層破綻、辞職。
3.11
賛否両論のなかでの推進の困難さを経験中。
東北の復興と新たな地方モデル構築に着手。
これまでの経験の集大成を実現しようと、アクセンチュアに転職。
サン・マイクロシステムズ
アクセンチュア

中村彰二朗 モチベーション曲線

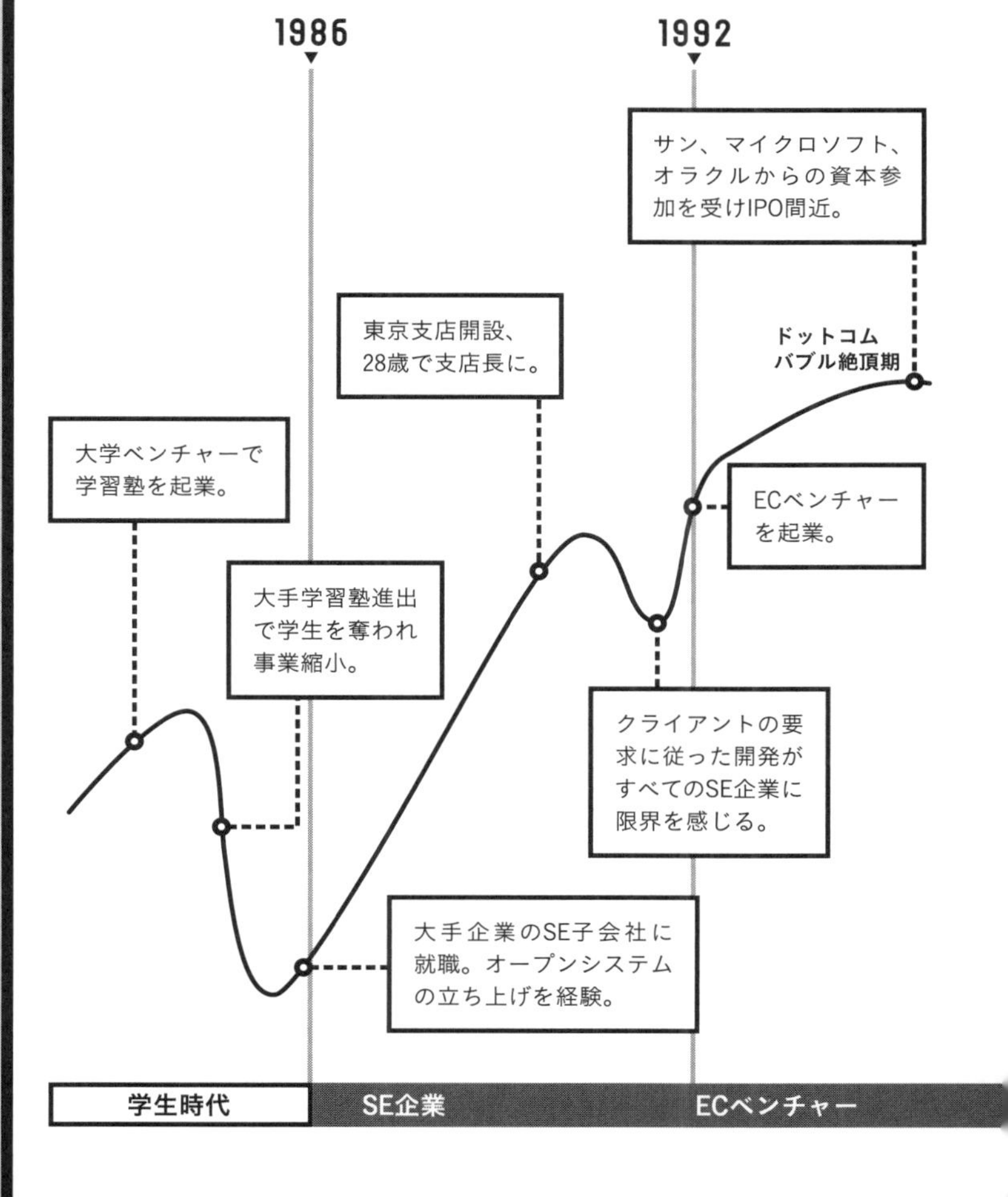

福島の復興を会津から始める！

福島県いわき市から郡山市を経て新潟市に至る磐越自動車道は、東日本の重要な横軸をなす。東日本大震災後にも、人や物資の輸送に大きな役割を担った。２０１１年に、アクセンチュアの中村彰二朗がこの道を通って会津入りしたのは、まだ混乱の残る震災３カ月後、６月初旬のことだった。

東北自動車道から磐越自動車道に入り、会津に向けてクルマを走らせる。晴れた日の午後。長い下り坂の先に会津盆地の風景を見ながら、車中の中村と同行したアクセンチュアの幹部２人は共通のイメージを思い描いていた。

「コンパクトシティ、スマートコミュニティという言葉が浮かびました。そして、『やるなら、ここじゃない？』と、みんなで口々に話したのを覚えています」と中村は振り返る。

会津若松市に入った一行は、市役所と会津大学を訪問。市長や学長とも話し合った中村たちの思いは、決意に変わりはじめていた。**「東北の復興、日本の再生を会津から始める」**という決意だ。

それから１カ月半ほど後、会津若松市と会津大学、アクセンチュアの三者による記者発表が行われた。産官学の提携により、震災からの復興、雇用創出に向けた取り組みに着手するという内容だ。そして8月1日、アクセンチュアの福島イノベーションセンター（CIF：Center for Innovation in Fukushima）が開設された。場所は会津大学の正門前だ。「会津大学の真ん前のオフィスが、たまたま空いていました。これも縁だなと思いますね」と中村。震災発生の5カ月後、8月1日に中村はCIFのセンター長に就任した。

さかのぼれば、**アクセンチュア社内では震災直後から、被災地支援のあり方が議論されていた。**会社としてはもちろん、個人参加のボランティアとして現地を訪れた社員も少なくない。ただ、企業としての支援活動となると、正確な情報に基づいた検討が必要だ。被災直後の情報は錯綜していた。現地調査に入れば、かえって迷惑をかけることにもなりかねない。そんな時、発災翌月の4月に被災地支援に関する省庁横断の会議が開かれた。主要な民間企業も集まり、中村も参加している。

「会議には、被災3県から地元関係者が1人ずつ招かれていました。福島県の話をしてくれたのは、会津のある若手経営者です。特に印象に残ったのは、『CSRで支援するという意識ではなく、ビジネスをしに来てほしい』というメッセージです」

被災3県といっても、原発事故のあった福島県の事情は異なる。福島県における復興の時間軸は、宮城県や岩手県と同じではない。その長い道のりには、多くの困難が待ち受けている。「だからこそ、アクセンチュアの出番ではないか」と中村は思った。**ビジネスの**

場において誰もが尻込みするような難題の数々を、アクセンチュアは爆発的なパワーで乗り越えてきた。いまこそ、その真価が試される時ではないかと感じたのである。

「まず、省庁横断の会議に参加していた経営者の方をアクセンチュアにお呼びして、ボードメンバーの前で福島の話をしてもらいました。幹部たちも共感してくれて、3人の現地訪問が決定しました」

こうして6月、中村たちの会津入りが実現した。磐越自動車道を西に走るクルマの中、会津盆地を遠望して交わされた会話は、その後、アクセンチュアならではのスピード感で現実化していくことになる。

旧態依然とした日本の組織に風穴を開けたい

中村にとって、CIFセンター長の仕事は天命のようなものだ。中村は宮城県の出身で、大学時代を含めて20代の大半を仙台で過ごした。東日本大震災によって実家はほぼ全壊したという。ただ、そうした個人的な思いは、中村にとって二義的なものだ。

重要なことは被災地の復興であり、その復興を通じて新しい日本をつくること。会津を拠点に、日本社会を変革する。大げさではなく、それは偽らざる中村の気持ちである。中村の本気度を知るためには、そのユニークな経歴をたどる必要があるだろう。

法学部に学んだ中村は、１９８６年に大学を卒業した。就活とは無縁だった。学生時代に立ち上げた学習塾の経営に忙しかったからだ。

「もともと、人に教えるのが好きなんです。塾の生徒は中学生。仙台市内に展開した教室は、最盛期は13くらい。ただ、大手学習塾が進出してきて、事業を縮小せざるをえなくなりました。最後は４教室ほどになり、４年間携わった事業からの撤退を決めました」

20代半ばの中村を拾ってくれたのは、面識のあった地元ＩＴベンダーの社長である。これがＩＴとの出合いとなった。時代はちょうど、ＩＴの主役交代期だった。80年代後半から90年代にかけて、メインフレーム（大型汎用機）からオープンシステムへのシフトが進んでいく。

「初めて知ったＩＴは、自分の肌に合っていると思いました。ここでオープンシステムの立ち上げなどを経験し、それがユーザーにもたらすメリットを実感してもいました」

オープン化によりユーザー企業の選択肢が増えたことをポジティブにとらえながら、中村は一方で限界も感じていた。

「クライアントの要求通りにシステムをつくることが最優先される状況に対して、疑問を持つようになったのです」

ユーザー企業ごとに要求は異なり、それに合わせてゼロから開発することが多かった。人海戦術になりがちで、その分コストは高くなる。中村はパッケージ化やフレームワーク化という突破口を求めて1992年に退社し、仲間と共にベンチャー企業を創業。一時は上場間近ともいわれて大きな注目を集めたが、オープン化思想で経営層で齟齬が生じ、副社長だった中村は会社を去ることになった。

中村はオープン化の思想を貫きたかった。技術情報の一部を公開し、仲間を増やして市場全体を広げることが大事と主張したが、受け入れられなかった。2000年、中村は米サン・マイクロシステムズの日本法人へと転身する。シリコンバレー生まれのベンチャー企業、サン・マイクロシステムズはオープンシステムの旗手と目されていた。中村はサン・マイクロシステムズのオープン技術を使って、**旧態依然たる日本のビジネスや行政のＩＴに風穴を開けたい**と思った。

「ベンチャー時代、ある官公庁のシステム全体最適化プロジェクトに参加させてもらったことがあります。私以外のメンバーはすべて大企業の人たち。私は低コストで効果の大きなプランを提案したのですが、他のメンバーからはずいぶん責められました。『そんな提案が通ったら、我々のビジネスが減ってしまう』というわけです」

一方、税金を節約しなければならない立場の役所に、当時はＩＴに精通する人材が少なかった。その結果、高価で使いにくいシステムがいくつもできた。中村はそんな状況に憤りながら、状況を変えることができないベンチャー企業、そして自分自身の非力さも感じていた。

インターネットまたはＩＴには既存のビジネスを壊していく側面がある。それが多くの人々にメリットをもたらすものだとしても、その変化を快く思わない人たちもいる。それは日本社会全体に遍在する空気のようなものかもしれない。中村はそんな空気を変えるためにサン・マイクロシステムズを選んだ。

「オープンの哲学、ベンチャー企業の役割といったものを日本に根づかせるには、外資系企業に身を置くのが有効ではないかと考えたのです。その点で、サン・マイクロシステムズは最適だろうと」

サン・マイクロシステムズには２０００年代の10年間在籍し、主にe-Japan関連のプロジェクトを担当。政府や自治体のオープンシステム構築に携わった。最後に関わったのは、通称「霞が関クラウド」である。霞が関クラウドとは、共通のシステム基盤を整備し、そのうえでアプリケーションをクラウドサービス化することで、コスト低減、全体最適化を図るという政府主導の構想である。

「いまクラウドという言葉は一般紙にも載っていますが、当時の政府としては画期的なことでした。私がサン・マイクロシステムズのプロジェクト担当リーダーを務めることになったのですが、それが決まった同じ日にオラクルによるサン・マイクロシステムズの買収が発表されたのです」

青天の霹靂だった。サン・マイクロシステムズとオラクルとでは、オープンシステムに対するとらえ方が異なる。当初目指したような霞が関クラウドを実現することはできないと考えた中村は、同社を去ることを決断する。

こうして、２０１１年1月にアクセンチュアに移籍。東日本大震災の２カ月前のことだ。

「縮む日本」に対する危機意識

中村がアクセンチュアに転じた理由の一つは、日本に対する危機意識を共有していると思ったからだ。サン・マイクロシステムズ時代の中村は日常業務を通じて、アクセンチュアのコンサルタントと意見交換する機会も多かった。そんななかで、変革の必要性を互いに語り合ったこともある。

「グローバル企業の日本法人で働く人に共通するのは、成長しない日本に対する歯がゆさの感覚ではないか。このままでは、世界から取り残されてしまう。『失われた20年』の間に、世界が日本を見る目は変わりました。グローバル本社は成長しない日本への投資を絞ります。ますます日本が縮んでしまう。このような動きを反転させなければなりません」

日本のアクセンチュアもまた、世界各地の現地法人との間で、投資資金や人材といったリソースの獲得競争をしている。日本が衰退すれば、日本のビジネスも縮小する。

「**日本の社会や企業の変革、活性化はこの国で仕事をするアクセンチュアのコンサルタント一人ひとりにとって切実なテーマ**です。だから、私たちの考え方と政府の大きな政策とは、完全に目的が一致します」

ただ、ゴールに至るルートは幾通りもある。立派な政策が、いつの間にか骨抜きにされることも少なくない。そんな経験を繰り返し、何度も挫折を味わってきた中村はアクセンチュアという新たな環境を得て、政府や自治体の変革を支援するための戦略を練った。

東日本大震災は、中村にとってそんなタイミングで発生した。

「一極集中が抱える問題点の数々が３・11で露呈してしまった。あれほどの大災害を経験した日本はこれを是正し、自律分散型の社会へと向かうべきではないか。そのためのモデルを会津でつくりたいと思ったのです」

それは、アクセンチュアがＣＩＦの設立を決めたとき、真っ先に手を挙げた中村の正直な気持ちだ。

「政府のあるべき姿を、霞が関で一気につくるのは難しい。しかし、人口12万人余りの会津若松市なら、できるのではないか。**役所や企業のためのＩＴではなく、市民のためのＩＴをつくる**。そして、会津地域を日本におけるＩＴのリーダーにする。ここに来れば、世界クラスの人材が揃っている。そんな場所にするのです。それを10年くらいかけてやり遂げたい。私にとって、最後の仕事だと思っています」

３年間で得た地元からの信頼

ＣＩＦを立ち上げた1年目は、主として会津の現状把握に費やされた。現状が見えなければ、適切な復興提言もできない。中村の活動は、最初に会津を訪れた２０１１年６月から始まっている。ＣＩＦ設立前は週三日を会津で過ごし、設立後は常駐して市役所や地元企業の人たちと語り合った。観光産業が大きな比重を占めている地域なので、土日も含めてリサーチに励んだ。同時に、市役所と会津大学、アクセンチュアの三位一体の体制づくりにも力を注いだ。

こうした中村の取り組みは、次第に地元の人たちに認められるようになった。最初に評価してくれた人物の一人が、会津若松市の室井照平市長である。「政策を手伝ってくれ」

と依頼され、中村は市のアドバイザーを引き受けた。そして、市役所の企画政策部門や企業立地担当の方々と地域再生の計画を練る日々が始まった。

理解者は一人増え、二人増えしていったが、一方では、警戒感を抱く人たちも少なからずいた。

「私たちは守るべき過去は大切にしつつも、新しい会津若松市をつくっていきたい。ただ、変革しましょうというメッセージが、現行体制への批判と受け止められてしまうこともあるかもしれません。だからこそ、これまで地域の発展に貢献されてこられた多くの方々の意見をお伺いしたいと思っていました」

「会津三泣き」という言葉がある。初めて会津にやってきた人は、よそ者を簡単に受け入れようとしない地元の人たちに戸惑い、一泣きする。会津での暮らしが板についてくると、ようやく受け入れてもらえたうれしさに涙する。これが二泣きだ。そして、会津を離れる段になると、温かな会津の人たちとの別れがつらく三泣きする。

中村は一泣きを経験しなかった。震災の数カ月後、東京からの退避を検討する外資系企業もあったなかで会津若松市に拠点を設立し、しかも中村をはじめアクセンチュアの社員数名が常駐する体制をつくったことが評価されたからだろう。ただ、すべてが順調だったわけではない。

「2年目は多少計画通りに進まない部分もあり、身近な人にグチをこぼしたこともあります。3年目になって、ようやく大半の人たちが信頼してくれるようになりました」

地方のジレンマを解決するモデルをつくる

「福島県の本格的な復興に向けて、会津をその準備拠点にする」「会津から日本を変える」と熱弁をふるいながら、中村は多方面の関係者と交流を重ねた。「そんなことができるはずがない」という声もあったが、中村は少しずつ仲間の輪を広げていった。

復興の中核を担う市役所内の受け止め方も一様ではなかった。市長や企画部門とビジョンを共有できたとしても、実際の業務を担う現場部門の反応はさまざまだった。

「新たな事業を会津で行っていくにあたって当然、市の関係者の意見が割れるようなこともありました。でも、いつも市長が高いリーダーシップを発揮し、全体を変革の道へと導いていきました」

こうした市長のリーダーシップのもと、2012年には中村の提案もあり、電力の見える化と省電力、エネルギーの地産地消に取り組むスマートグリッド事業を総務省に申請することが決まった。

学生時代に学習塾を経営し、その後ITベンチャーを立ち上げた経歴を持つ中村。事を起こす才に長けた男が、いま福島の復興に真正面から取り組む。「これが自分に与えられた最後の仕事」と、福島の未来を語る言葉は熱い。

2012年3月11日に会津大学で開かれた
復興シンポジウムで中村が訴えた「復興８方針」

一極集中モデルから、自律・分散・協調モデルへ
社会インフラのグリッド化（縦だけでなく、横の連携）
地域の自然資源を活用した、再生可能エネルギーへのシフト
高付加価値産業、成長産業の誘致（Invest Fukushima）
都市戦略、地域産業振興（スマートタウン、Visit Japan、Cool Japan）
他地域への展開性を考慮（オープンスタンダード、世界標準）
産官学連携イノベーションの実現
福島県特有の課題解決

福島の復興ということだけでなく、日本の地方の「あるべき姿」への思いが込められている。スマートタウン化に向けたいくつかの施策は、すでに稼働し、成果も出はじめている。

「アクセンチュアとしては最初から、数名のコンサルタントを会津に配置すると決めていました。とはいえ、実際に物事が動いているかどうかは非常に重要。私たちは会津若松市の本気度を見せてもらいました」と中村は振り返る。

その後、震災後1年を迎えた２０１２年3月11日、会津大学で復興シンポジウムが開かれた。スピーカーの一人として登壇した中村は、復興に向けた方針などを語った。福島に特化した方針もあるが、そのほとんどは、一極集中モデルからの脱却、社会インフラのグリッド化、再生可能エネルギーへのシフト、他地域への展開性を考慮したオープンスタンダードなど日本全体、特に地方の課題を意識したものだ。

「それぞれが非常に大きなテーマです。私たちは元の状態に戻す復旧がゴールだとは考えていません。**震災の教訓を踏まえて日本と地方の『あるべき姿』を描き、それに近づいていくことが重要**です。だから、我々の復興のシンボルは、壊れた器を漆でつないでより美しく再生する会津漆塗りの『金継ぎ』なんです」

そのグランドデザインを描くため、中村はアクセンチュアというグローバル企業を最大活用した。例えば、スマートシティに関してはオランダのアムステルダム市、横浜市など先行事例の資料を読みあさり、何人もの関係者に会っている。最先端の知見が背後にあるから、自信を持って提案することができる。

発表した方針のなかで、中村が特に重視しているのは**「一極集中から自律・分散・協調モデルへ」「他地域への展開性」**である。ITインフラについていえば、データセンターや通信ネットワークの多くが首都圏に集中する現状は、国家の危機管理という観点からもリスクが高い。産業集積や人口などの偏りも是正すべきだろう。

「東京都の出生率は全国最低です。東京に若者が集まるほど、この国の人口は減ってしまいます。**いかに地方に若者を残すかが課題ですが、働く場は非常に少ない。このジレンマの解決に向けたモデルを、IT、そしてデジタルテクノロジーの力を使って会津で示したい**」と中村は言う。

他地域への展開性という方針にも、以前からの問題意識が反映されている。これまで政府や自治体のITでは、ユーザーの既存業務に適合させることが優先され、複数の行政機関で共有または使い回そうという発想はあまりなかった。

ハードウエアと比べた場合、ソフトウエアの重要な特徴の一つは複製自体のコストはゼロに近いことだ。このメリットを最大限に生かせば、システム構築の効率を大幅に高めることができる。

この時壇上から語った未来像は、少しずつ現実になりはじめている。

例えば、スマートグリッド事業では、2012年に市内100世帯に電力消費測定装置を設置。消費電力の見える化が節電を促したことにより、最大2~3割程度の削減効果を実現しているという。

また、アクセンチュアと共に地域主導のスマートシティ実現に取り組むグリーン発電会津は、新たに約100人の雇用を創出した。同社はこれまで放置されていた木材を用いて、木質バイオマス発電を行っている。以前はゴミ扱いされ、山林の荒廃の元凶ともいわれた低品質の木材を燃料として使うことで、一石二鳥、三鳥の成果をもたらしている。

一方、長期的な視座で取り組む施策もある。代表的なものが人材育成だろう。その分野では、アクセンチュアは会津大学の学生向け、社会人向けのアナリティクス講座を受け持っている。

「ビッグデータが経営資源の4つ目に位置づけられるようになった今日、**日本においてデータアナリストの育成は急務。長期的なゴールは、会津をアナリティクスの専門家が集結する地域にすること**です。そして、**会津若松を日本一データが集まるITの先進都市にする**のです」

中村の提示したプランの最終年は2019年。偶然のことだが、その翌年に東京五輪が決まった。東京を世界最先端の都市にリニューアルして、世界の人々に見てもらう絶好の機会だ。そのために、事前に会津にできることは多いと中村は考えている。

「会津若松市のサイズは、先端事業の実証実験に最適です。これからの日本の都市モデルを示すために、さまざまな分野の実証フィールドとして活用されるはずです」

そんな光景を思い描きつつ、中村はその準備に向けて動きはじめている。中村が三泣きを知る日は、かなり先のことになりそうだ。

働くスタイルも夫婦の形も柔軟に。家事を受け持つ夫との二人三脚で人生のベストパフォーマンスを目指す。

Person 08

「三遊間」という言葉が好きな、日本生まれの日本育ち

通信・メディア・ハイテク本部　シニア・マネジャー

グイネス・ロイドジョーンズ

Gwyneth Lloyd-Jones

1977年生まれ。カナダ人の父、アメリカ人の母が滞日中に日本で生まれ、高校まで過ごす。米国の大学卒業後、2000年に日本の大手電機メーカーに就職。2005年アクセンチュアに転職し、ＳＡＰなど基幹ソフトウエアの導入プロジェクトなどに従事。2008～2009年にはアメリカ、インド、ドイツでの海外勤務を経験。帰国後も、海外展開系のプロジェクトに取り組む。

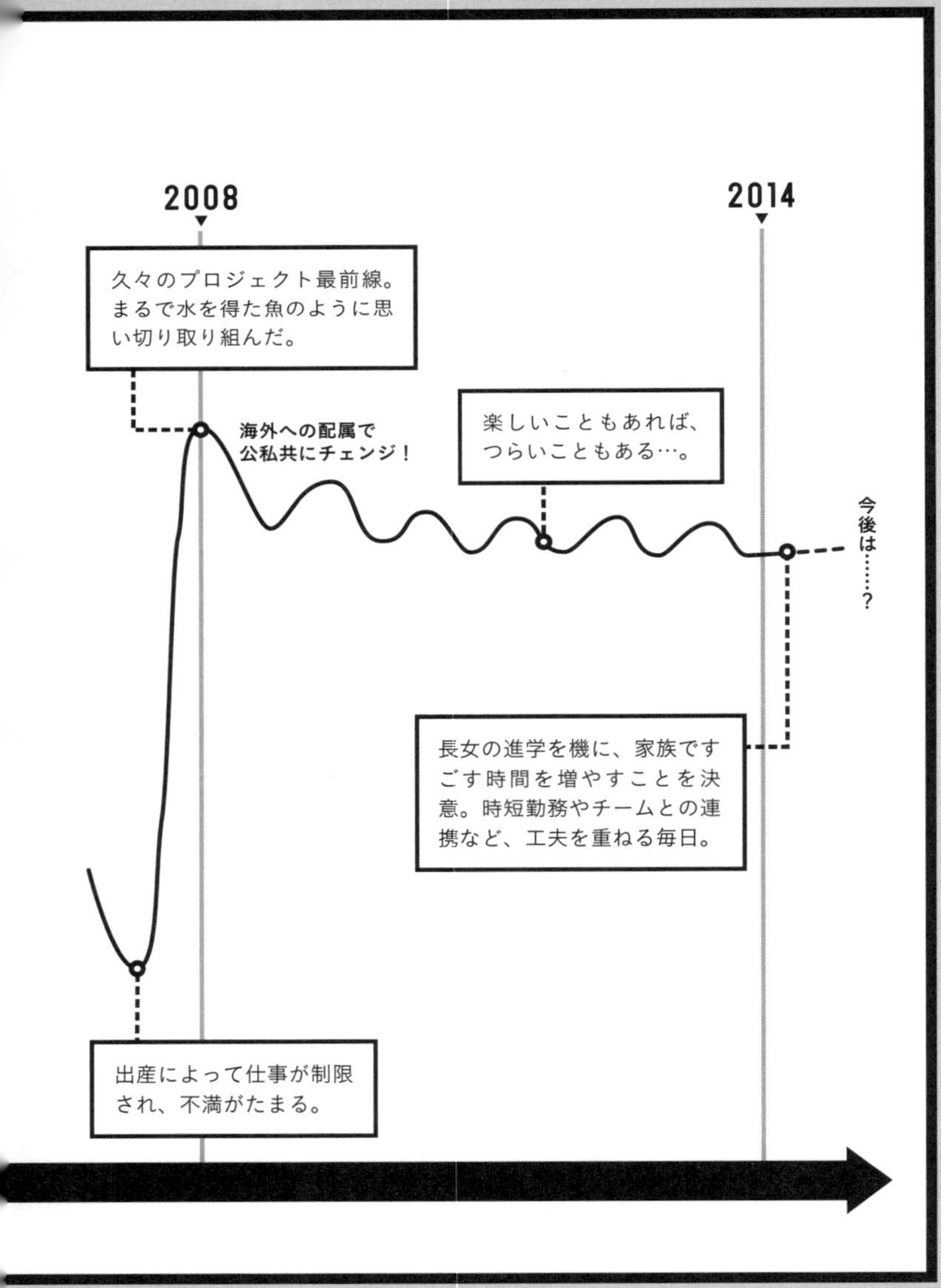
2008
2014
久々のプロジェクト最前線。まるで水を得た魚のように思い切り取り組んだ。

海外への配属で公私共にチェンジ！

楽しいこともあれば、つらいこともある…。

今後は……？

長女の進学を機に、家族ですごす時間を増やすことを決意。時短勤務やチームとの連携など、工夫を重ねる毎日。

出産によって仕事が制限され、不満がたまる。

グイネス・ロイドジョーンズ モチベーション曲線

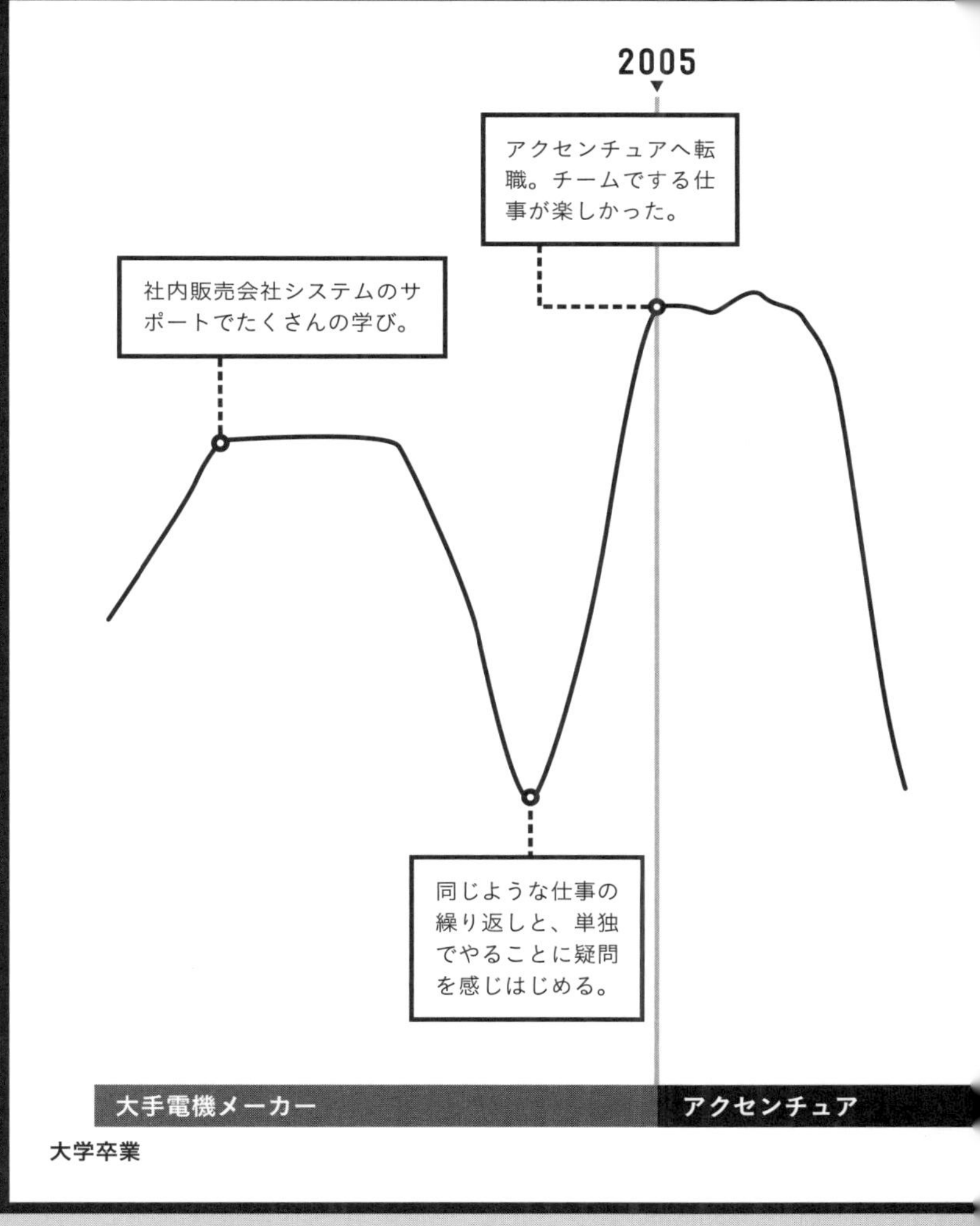

出会う人を驚かせる、第一印象と素顔のギャップ

「見た目に反して、心は日本人！」

事前にもらったグイネス・ロイドジョーンズのプロフィルの自己紹介欄には、こう記してあった。ブロンドヘアにグリーンの瞳。顔の彫りは深く、確かに日本人にはまったく見えない。ところが口からこぼれる日本語は流暢で、敬語も自然に使いこなす。それもそのはず、生まれも育ちも日本で、小学校から高校までずっと日本の学校に通っていたという。
「父親はカナダ人、母親はアメリカ人ですが、私は生まれたのも育ったのも日本。この容姿ですから、初対面では外国人に見られても、日本語でぺらぺら話しはじめた途端、ほとんどの人は驚きますね。子どもの頃はそれが恥ずかしくもありましたが、強い第一印象を残せるわけですから、仕事をするには得ではないかと、いまは思います」

現在の肩書は通信・メディア・ハイテク本部のシニア・マネジャー。テクノロジー分野に強く、アクセンチュアでは、SAPなど基幹ソフトウエアの導入に関するプロジェクトでキャリアを築いてきた。

コンピュータサイエンスとの出合いは高校2年生の時。交換留学で訪れたニュージーランドの高校だった。Windows95が発売される以前。日本の高校ではコンピュータにふ

れる機会はほとんどなかった時代だが、ロイドジョーンズには免疫があった。

「父親が変わり者というか、新しいものが好きで、子どもの頃、家に小さなコンピュータがありました。たまに『パックマン』で遊ばせてもらった記憶があり、キーボードとマウスで操作することには、何の抵抗もなかったんですね」

ニュージーランドの高校での実習は、さほど難しいものではなかった。コマンドを入力してエンターキーを押すと、コンピュータは少し時間をかけて実行する。指令を出す。実行する。その一連の流れには余計なものがなく、ロジカルでシンプル。彼女はとても心地よく感じたという。他の生徒たちが飽きてしまうなか、一人だけ時間の許す限りキーボードを叩いていた。

高校卒業と同時に家族はアメリカに帰ることになり、彼女もアメリカの大学へ進学する。母親の生まれ故郷に近いニューメキシコの大学で、コンピュータサイエンスを専攻。交換留学で出合ったコンピュータサイエンスについて深く学び、将来、その延長線上でキャリアを築きたいという思いが芽生えていた。

「ただ、**ずっとコンピュータと向き合うプログラマーよりも、スキルを生かして人と接する仕事をしたいと思っていました。**就職活動ではＩＴコンサルティングの会社を考えていましたが、ボストンで開催されたキャリアフォーラムで日本の大手家電メーカーの話を聞くと、『社内SE的なポジションで募集している』と。日本で就職と決めていたわけではありませんが、そういう働き方もあるし、コンピュータの知識があって、英語に加えて日本語も話せる自分は、日本の会社のほうが評価してくれるかもしれない。そう考えると無性に日本に帰りたくなり、面接を受けて採用が決まりました」

ビジネス現場とITの間に立つ通訳のような存在として

その家電メーカーに在籍したのは5年間。仕事の進め方、日本のビジネスマナーなど、社会人としての基礎はそこで培った。仕事は海外の販売会社のシステムのサポートで、興味のある分野だった。が、常に不安を感じていたという。会社として力を入れはじめたばかりの分野で、担当していた人数は最小限。一人で仕事を進めることが多く、いまやっていることが正しいのか。この仕事の前後で自分は成長できているのか……。それを客観的に評価し、サポートする体制が社内的に十分でないのでは、と感じた。

「会社の待遇もよく、周りの人との関係も良好でしたが、私はこれからどんなキャリアを築けるのか。将来のビジョンを描けなかったんですね。当時の経験やスキル、いろんな人と接したいという、大学の頃の思いを実現する場所はどこかを考えたとき、IT系に強いコンサルティング会社が選択肢として浮かびました。運よくアクセンチュアが募集をかけていたので、面接を受け、転職が決まりました」

アクセンチュアで仕事を始めて感じたのは、前の会社とのカルチャーの違いである。一般的に外資系企業は個人主義、日本の企業はチーム重視と思いがちだが、ロイドジョーンズの場合は逆だった。前の職場では一人で仕事を進めることが多く、チームとしての一体感を味わうことは少なかった。

アクセンチュアは、プロジェクトのリーダーを中心に役割分担が明確で、足りないところはお互いにフォローするのが当然。お客様に提供する価値の最大化に向けてチーム全員のベクトルが揃っているため、結束力も強い。面白いと感じたのは、新しいプロジェクトに入って一緒に働く人が変わっても、チーム重視の文化は変わらないことだった。クライアントが変わるだけでなく、社内のスタッフも個性はさまざまで、いろんな人と接したい、働きたいと思っていた彼女は、入社当初から働きやすさを実感したようだ。

最初に配属されたのは日本の半導体関連企業のプロジェクトで、基幹システム統合のサポート。大学で学んだコンピュータサイエンスと、前の会社での経験、スキルをそのまま生かせる内容だった。

「一般的に、コンサルタントというと、戦略コンサルティングを連想する方が多いと思いますが、私は自分の立ち位置を〝ＩＴコンサルタント〟、つまり社内ＳＥと同じように、**〝システムとビジネスの間にいる通訳**のようなもの〟ととらえています。ビジネスの現場が必要としているものを引き出し、実現するためのＩＴとつなぐ。エンジニアやベンダーには、ビジネス現場の意図を正確に伝える。両者の通訳であり、橋渡しのような存在です。ずっとシステムと向き合っているのではなく、いろんな人とのコミュニケーションが求められるので、面白いし、やりがいも感じますね」

もちろん、難しさにも直面する。

「ＩＴコンサルティングにもいろんな分野があり、私がやっている基幹システムに関わるプロジェクトでは、コスト意識も強く求められます。ビジネス現場はこう考えているけど、コスト的に実装するのは難しいということもあります。こちらは投資対効果を踏まえた判断をしているわけですが、ビジネス現場からすれば面白くないですよね。反発されることもあり、そんなときは難しさを痛感します」

プライベートでも大きな変化があった。転職前からつき合っていた日本人の男性と結婚し、子どもが生まれた。そして、育児のために少し仕事を制限しようと、時短勤務を選択する。仕事の内容も、社内の人材育成トレーニングなど、クライアントとの直接的な関わりが少ない業務が中心となった。プロジェクトに就きたいという思いはあったが、子どものことを考えると、あまり責任のある立場では仕事に関われないと理解していた。

ただ頭では理解しても、コンサルティングの最前線で働く充実感は忘れがたい。せめて環境だけでも変えたいと、**海外で暮らすことも視野に入れ、アクセンチュア全体で空いているポジションを探すと、シカゴのトレーニングセンターが講師を募集していた。**試しに応募してみると、思いがけないところから声を掛けられたという。

夫との「家庭内協業」でキャリアを前進させる

「半導体企業のプロジェクトの時の上司から連絡があり、『アメリカに来るつもりがあるなら、こっちのプロジェクトを手伝ってくれないか』と。その半導体企業は日本の会社ですが、アメリカの販売会社が使っているＳＡＰのアップグレードと機能追加を同時に進める仕事でした。私の得意分野ですから、もちろんやりたい。でも、子どもはまだ1歳にもなっていない頃で、アメリカで仕事をしながら、どう育児と両立すればいいのか、まったく分からない。夫と何度も話し合いました」

ある意味、このときの上司の誘いが、ロイドジョーンズのキャリアの方向性を決めたともいえる。夫と話し合った結果、家族でアメリカに行くことに決めたからだ。以降、彼女のキャリアは海外に軸足を移して構築されていく。

家族でアメリカに行くというだけでは、育児と仕事の両立という問題は解消されない。そこで、夫との役割分担を明確にした。彼女は本格的に仕事に復帰して、いままでのようにITコンサルタントとして働く。夫はパートタイムで働き、家事、そして育児を引き受ける。日本でいう「主夫」としての立場を受け入れてくれたのだ。

「夫はどんなときも家族との時間を一番に考えるタイプです。私が時短勤務に満足していないことは話していたし、環境を変えて海外で暮らそうかという話もしていました。だから、比較的にスムーズに役割分担ができたのだと思います。これが国内のプロジェクトだったら、少しもめたかもしれませんが」

家族でアメリカに渡ったのが２００８年。プロジェクトは当初、アメリカのアクセンチュアのスタッフが進めていたが、クライアントである日本の企業とのコミュニケーションをより円滑に進めるため、日本からもスタッフを派遣された経緯がある。本社のシステム導入にも関わり、英語も日本語も話せる彼女には適任といえるポジションだった。

結果、要件定義からテスト、移行、稼働、そしてサポートまで、すべてのフェーズに携わることができ、「キャリアの幅が広がった」と彼女は振り返る。アメリカのサンノゼで7カ月過ごした後、インドで3カ月、欧州の販社への導入のためにドイツに1カ月。約1

年の海外勤務の間、彼女は毎日忙しく働き、夫が子どもの面倒をみる生活が続いたが、問題は特になかったそうだ。いや、どちらも生き生きとしていた。

「彼には以前から海外で暮らしてみたいという願望があったので、それがかなった生活を楽しんでいるようでした。夫が〝主夫〟的な存在であることに、私も特に違和感はありません。**働き方も、夫婦の形も、人それぞれでいい。世間の常識から少し外れていても、私たち家族にとってのベストなら、それでいい**と思っています」

帰国後、しばらく国内で勤務した後、別のプロジェクトでアメリカのダラスに行くことが決まった。もちろん、家族一緒に。ある日本の会社が、アメリカの会社から事業部門を買収。それを切り離すため、基幹システムを早急に移し替えるプロジェクトだった。ここでも語学力と〝ITコンサルタント〟としての経験、スキルを駆使して中心メンバーとして活躍していたが、滞在中に二人目の子どもを妊娠していることが分かる。大きなお腹を抱え、ぎりぎりまで仕事をして、出産の数週間前に帰国した。

ダラスでのプロジェクトでマネジャーに昇進し、現在はシニア・マネジャー。海外のプロジェクト、特にSAPをはじめ基幹システムのプロジェクトには欠かせない人材としてキャリアを築いてきた。子どもたちの面倒を見てくれる夫に支えられて働く姿は、**新しい時代のワーキングマザー**。そんなふうにいえるかもしれない。

「シニア・マネジャーになるとチームの編成を任せられるようになります。プロジェクトの内容と目的を基に人選と配置を考え、インタビューを行い、チームをつくる。実際に動きはじめると、足りない部分が見えてくるので、そこをどうサポートするのかも考えます。アクセンチュアの社員は個性的な人が多いので、バランスを取りながらチームを編成して、プロジェクトを動かすのが、いまは楽しいですね」

環境は変えられないが、自分は変えられる

マネジメントと現場の両方を肌で感じられるポジションにあるいま、ロイドジョーンズは、本人いわく「キャリアの新しいチャレンジ」を始めたばかりだ。普通に考えると、シニア・マネジャーに昇進したら次のステップ、アクセンチュアでいえばマネジング・ディレクターを視野に入れる。キャリアデザインにおける一番の踏ん張りどころだ。ところが、彼女が選択したのは時短勤務。キャリアにとってマイナスではないのか。

「**人それぞれ、〝いまやるべきこと〟は変化していく**と私は思います。海外に軸足を移してから、子どもの面倒は基本的に夫に任せてきましたが、二人の娘たちにとって、母親がある程度そばにいてあげる時間も大切です。上の子は小学校に入りましたが、勉強も友達

上／プロジェクトの立ち上げでオーストラリアを訪れた際、現地アクセンチュアのメンバーと。二人の子をもつ母でありながら、時に海外出張も軽快にこなす。下／仕事でも、私生活でも、その時、その状況に応じた「しなやかさ」が身上のロイドジョーンズ。しなやかさのなかに強さ、日本人的な奥ゆかしさも秘めている。

も、保育園の頃とは大きく変わり、母親が必要な時期になったと感じたんですね。下の子どもは、生まれてからずっと夫に任せきりだったこともあり、少し仕事をセーブして、家族と一緒にすごす時間を増やしたい。そう思って時短勤務を選択しました」

シニア・マネジャーという上位の管理職が時短勤務というのは、日本の企業ではあまり考えられないかもしれない。アクセンチュアは違った。**上司に「時短勤務にしたい」と相談すると、それをどうすれば実現できるかを一緒に考えてくれた。**いままでと同じだけの仕事量を一人で抱えるのが無理なら、アシスタント的な部下を一人つければいい。それには誰が適任か。そんな話し合いを集中的に行い、人事部に届けを出すと、翌週には時短勤務が承認されていた。以前は、時短でクライアントとの関わりを制限した仕事に移ったが、今回はシニア・マネジャーとしてプロジェクトに関わりながらの時短であり、確かに「キャリアの新しいチャレンジ」である。

関わっているプロジェクトは、基幹システムの海外展開に関するもので、時短勤務開始以前は海外に出ることも多かった。現在はインド、マレーシアなどの現地チームを統括する立場で、日本にいながら指示を出し、サポートを行う。時短勤務になって以降は、海外に出るのは重要な局面に限定している。

「最初の頃は、事前に決まっていたミーティングなどもあり、なかなか予定通りには家に帰れませんでしたが、自分で抱えるのではなく、部下に任せるところは極力任せることで、予定よりも早く時短のペースをつかむことができました。この働き方をしばらく続け、子どもが家の外に自分の世界を持つようになったら、またフルタイムで働きたいと思っています。そして、マネジング・ディレクターを目指したいですね」

夫に子どもの世話をしてもらって仕事に没頭したかと思えば、子どものためといって時短勤務を選択する。ロイドジョーンズの働き方、キャリアデザインは、日本社会の常識からすれば「わがまま」とも受け取られかねない。しかし、彼女の選択は誰かに迷惑をかけて強引に進めたものではなく、会社の、そして夫の理解と協力があったうえで成り立っている。女性は特に、出産すると「仕事を辞めなくては」「子育てに集中しなくては」など、「こうあらねばならない」と自分を縛りつけてしまう傾向がある。それも一つの考え方だが、**周りの理解と協力が得られるなら、そうではない生き方もある**。彼女はそれを実践しているのだ。

「私の好きな言葉に、『**起こっていることの原因の1%は環境にあり、99%は自分にある**』というのがあります。同じことが二人に起こっても、ポジティブにとらえる人とネガティブにとらえる人とでは、その後の展開はまったく違う。子どもが生まれて、『仕事を辞めなくては』と思えば、そういう選択肢しか浮かんできませんが、『働き続けるにはどうしたらいいのか』と思えば、別の選択肢が見えるし、サポートしてくれる人も現れるものです。**環境は変えられません。でも自分は変えられる。**そう思って、私はここまで生きてきたし、これからも同じです」

アクセンチュアが、彼女のような考え方、働き方を受け入れる柔軟さを持つ組織であることも、ここまでのキャリアを見れば明らかだ。社内に託児施設を設けるなど、ハード面での充実を強調する会社もあるが、アクセンチュアの場合は、周りの人を含めたソフト面の柔軟さと、多様なキャリアを受け入れる組織文化が特徴のようだ。**女性でも、置かれた環境に妥協せずに、キャリアデザインを描けるようサポートする文化が、組織全体に根づいている。**

仕事も家庭も、華麗な〝遊撃手〟として

「もう一つ好きな言葉がある」として、彼女は意外な言葉を口にした。「三遊間」。サードとショートの間の、最もシビアなフィールディングが要求されるエリアを指す野球用語である。彼女に野球経験があるわけではないが、「誰かが仕事中に使った言葉で、響きがとてもいいと思った」そうだ。

ショートストップは日本語で「遊撃手」と訳す。9人のプレーヤーのなかで、視野も守備範囲も最も広く、サードのバックアップもしなければならない重要なポジションだ。いわれてみると、**ロイドジョーンズの生き方は、アクセンチュアのなかでも、そして家庭内でも、遊撃手的なポジション**といえるのかもしれない。

「自分で考えたことはありませんが、確かにそうかもしれません。特にシニア・マネジャーになってからは、現場で自分が手を動かすのではなく、チームのメンバーを後方支援しながら、三遊間の難しい打球に対しては体を張る、という意識です。責任のある立場として、クライアントに向き合う必要もありますから。

時短勤務を始めてからは、後方からサポートする意識がより強くなっていますね。家庭内でも、家事と子どもの世話は主人が中心で、私は必要なところでサポートする遊撃手かもしれません。まだ三遊間に鋭い打球は飛んできていませんが、家族のために体を投げ出すシーンも、これからは出てくるかもしれませんね」

プロジェクトも家庭も、彼女にとってはチームなのだ。よく「個の力か組織力か」という言い方がされるが、**それぞれの個が、与えられた局面でベストのパフォーマンスをすることで、強固な組織力を発揮する。**個の力と組織力は相反するものではなく、つながっているもの。そのつなぎ役として必要なのが、守備範囲の広い遊撃手的な存在なのだろう。

彼女の立ち位置は、まさしくそれだ。

遊撃手として最も印象に残るファインプレーは？　そんな問いを投げかけると、しばらく考えた後、こんな答えが返ってきた。

「三つあります。一つは**大学でコンピュータサイエンスを専攻した**こと。振り返ってみると、私のキャリアの原点はそこにあります。二つ目は**アクセンチュアという、多様なキャリアを尊重してくれる会社を選んだ**こと。いまは海外のプロジェクトを基点にしていますが、それもアクセンチュアだから可能になったのだと思います。三つ目は少し恥ずかしいのですが、**理解力と包容力のある、素敵な日本人男性と出会った**こと。夫の協力がなければ、私のキャリアはまったく別のものになっていたかもしれません」

ひらりひらり。華麗なフットワークでフィールドを躍動する遊撃手として、彼女はこれからも、会社と家庭という二つのチームが進化するための推進力となっていくはずだ。

問題は自分がどう生きたいか。この会社には「出る杭」を育ててくれる社内風土がある。

Person 09

アクセンチュアを辞めて劇団員に転身。そしてまた復職

金融サービス本部　マネジャー

松元　朋 Tomo Matsumoto

1978年生まれ。米国ワシントン大学卒業後、2001年アクセンチュアに入社し、通信・ハイテク部門に配属。2003年、劇団四季に入団。俳優として「ライオンキング」など多くの舞台を経験。劇団の経営戦略や新人育成にも携わる。2009年に退団後、2010年にアクセンチュアに復職。金融サービス本部に配属、2014年からは香港に駐在しアジア戦略の一翼を担う。

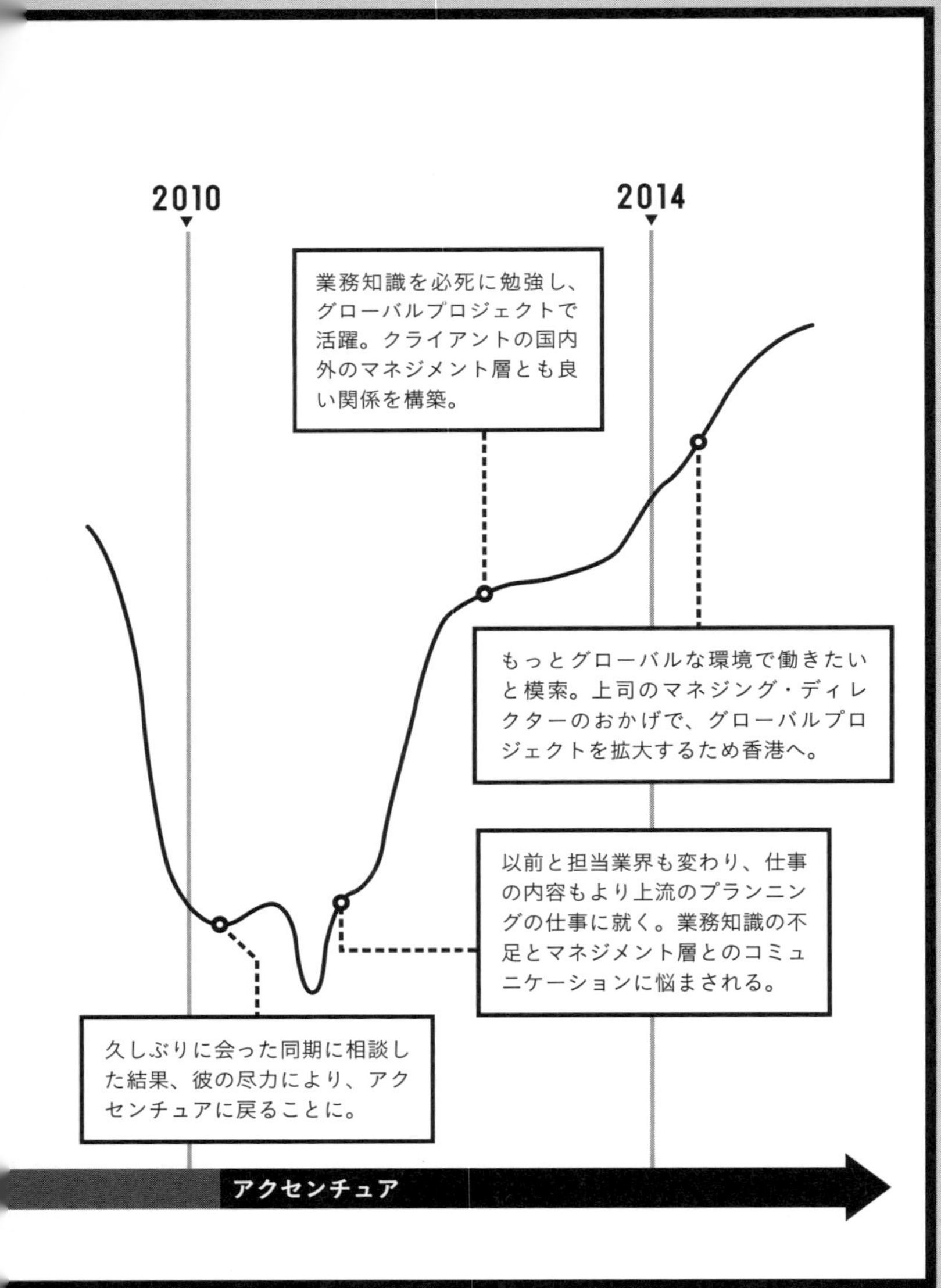
2010
2014
業務知識を必死に勉強し、グローバルプロジェクトで活躍。クライアントの国内外のマネジメント層とも良い関係を構築。
もっとグローバルな環境で働きたいと模索。上司のマネジング・ディレクターのおかげで、グローバルプロジェクトを拡大するため香港へ。
以前と担当業界も変わり、仕事の内容もより上流のプランニングの仕事に就く。業務知識の不足とマネジメント層とのコミュニケーションに悩まされる。
久しぶりに会った同期に相談した結果、彼の尽力により、アクセンチュアに戻ることに。
アクセンチュア

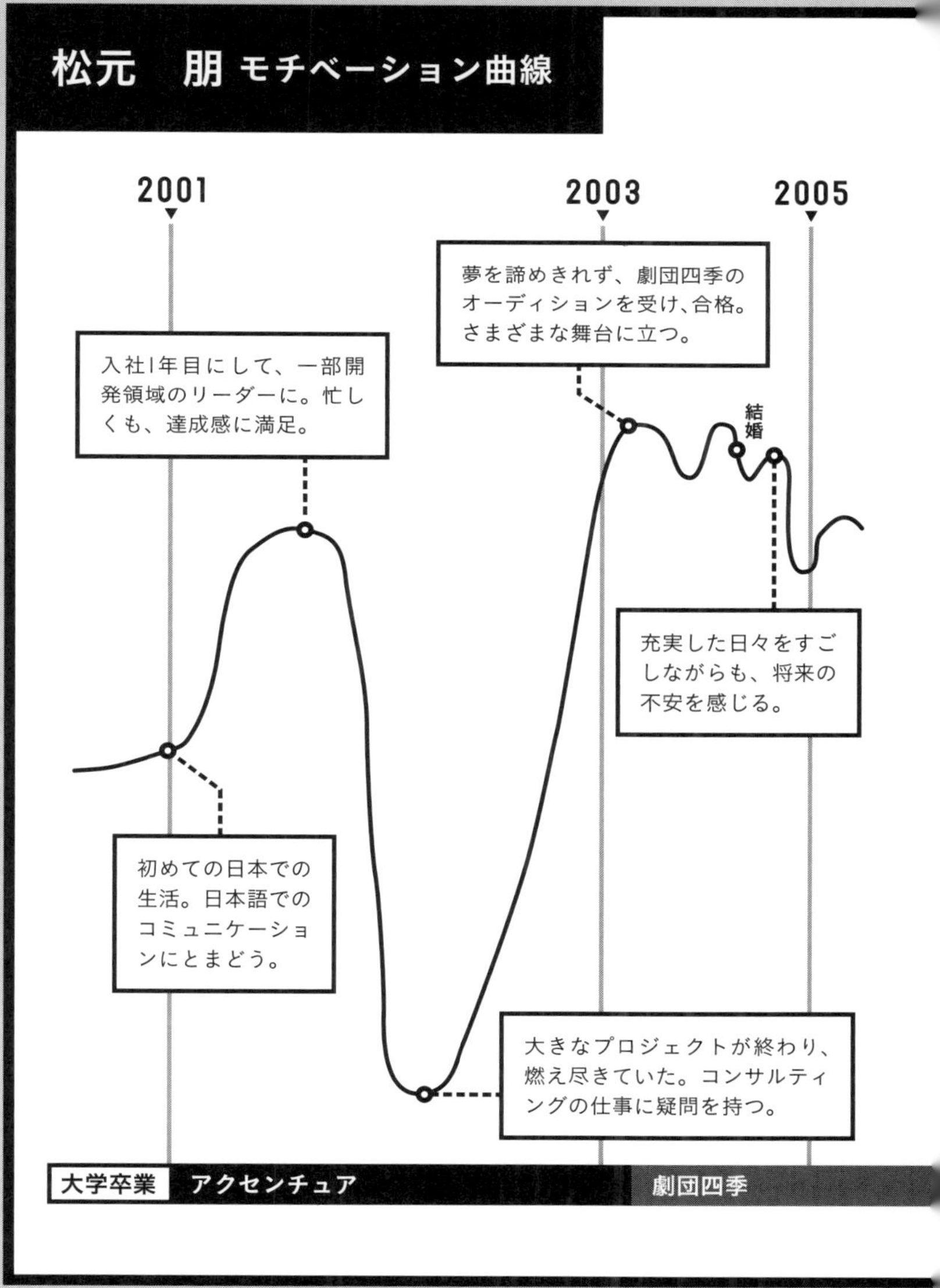
松元　朋 モチベーション曲線
2001
2003
2005
入社1年目にして、一部開発領域のリーダーに。忙しくも、達成感に満足。
夢を諦めきれず、劇団四季のオーディションを受け、合格。さまざまな舞台に立つ。
結婚
充実した日々をすごしながらも、将来の不安を感じる。
初めての日本での生活。日本語でのコミュニケーションにとまどう。
大きなプロジェクトが終わり、燃え尽きていた。コンサルティングの仕事に疑問を持つ。
大学卒業
アクセンチュア
劇団四季

大学卒業まで、日本語で教育を受けた経験はゼロ

多種多彩な人材が在籍するアクセンチュアでも、松元朋のキャリアはレアケースに属するだろう。経歴のなかに、あの「劇団四季」で俳優として舞台に立っていた時期があるのだ。アクセンチュアと劇団四季。コンサルタントと俳優。一見、何の接点もないように思えるが、本人は「舞台は違いますが、仕事をやり遂げた時、役を演じ切った時の達成感には近いものがあります」という。

現在は金融サービス本部のマネジャー。この取材の直後、日本企業のグローバル展開支援を担うため、香港での駐在へと旅立った。「不思議な縁」と松元は言うが、それもしかり。彼は人生の多くの時間を、香港ですごしていたからだ。

「生まれたのは日本ですが、父親の仕事の関係で、生後2カ月から香港で育ちました。高校卒業まで、ずっと香港のインターナショナルスクールに通い、大学はアメリカのワシントン大学。つまり、日本人ですが、日本語で教育を受けたことがありません。香港にいた頃は、一歩外に出ればほぼ英語オンリー。日本語は家の中で、両親と話す時に使っていたくらいです。異色の経歴といわれれば、その通りかもしれません」

ワシントン大学を選んだ理由は二つ。香港で事業を興すほどの実業家だった父親の影響

もあるのだろう、ビジネススクールの評価が高い大学を選んだ。もう一つは母親から受け継いだ血、といえるかもしれない。母親は元タカラジェンヌで、松元は小さい頃から、ミュージカルやクラシックのコンサートに連れていってもらったという。芸術、エンターテインメントにも興味を持つようになり、高校のクラブ活動として、ダンスやアカペラに取り組んでいた。ワシントン大学は、その方面でも環境が整っていたのだ。

「大学時代は、日本風にいえば文武両道。勉強もサークル活動も、手抜きをせずにやっていました。サークルではアカペラのグループに所属して、CD発売、全国ツアーの経験もあります。演劇もやっていました。演劇部に入っていなくても、全学生が参加できるオーディションがあり、そこで選ばれれば舞台に立てるのです。ダンスも、モダンダンスから社交ダンスまで、経験できるものは、何にでも挑戦していましたね」

卒業後は日本で働きたいと思っていた。日本人でありながら、日本で暮らしたことがなかったため、自分の祖国を知りたいという理由が一つ。また、松元は12歳の時に父親を亡くしているが、アメリカ留学と同時に母親は日本へ帰っていた。女手ひとつで大学まで卒業させてくれた母親のためにも。そんな思いもあり、日本での就職を希望した。

特に業種は絞っていなかったが、就職説明会などで話を聞くにつれ、コンサルティング業界に興味を持つようになり、アクセンチュアを含め何社か面接を受けている。アクセンチュアを選んだのは、グループ面接が強く印象に残ったからだ。

「一つのテーマを与えられ、賛成と反対のグループに分かれてディベートを行いましたが、その時のテーマが『終身雇用』。実は、非常に恥ずかしい話ですが、日本で暮らしたことがなかったため、私は終身雇用という言葉を知りませんでした。『終身雇用って何でしょうか？』から始まる最悪の展開です。さらに、海外で育った私からすると、自分のなかからは終身雇用に対して否定的な意見しか出てこないのに、賛成派のグループに入ってしまいます。

ただ、ものは考えようで、自分のなかにある反対派の意見を論破するように論理を展開しました。いま思えば陳腐なディベートだったはずですが、私としてはやり切った感がありました。結果、内定をいただいたので、**表面だけでなく人間性もちゃんと見てくれる会社なのだと思い、入社することにしました**」

心のすき間を埋めるように、大きくなった演劇への夢

アクセンチュアでは、入社後のトレーニング期間でプログラミングの基礎を徹底的に学ぶ。その後、松元は通信・メディア・ハイテク本部の配属となり、国内のある大手電機

メーカーのプロジェクトに参加した。合計で80名ほどのプロジェクトだったが、松元が担当したプログラムのチームは5人。さらに内容によって2人と3人に分かれ、3人のグループのリーダー的なポジションに置かれたという。

そこからの数カ月は、トレーニング期間で習得した技術に加え、現場で求められる知識を先輩に聞いたり、Ｊａｖａやオラクル関連の専門書を読みあさったりしながら、プロジェクトの流れに必死に食らいついていったという。クライアントのニーズに応えるため過酷なスケジュールだったが、無我夢中で取り組んでいると、少しずつでき上がっていくのが分かる。達成感を積み上げることで、そのプロジェクトをまっとうした。

「当時の自分の能力よりも上の成果を求められる現場でしたから、正直しんどかった。でも、**同期の仲間たちと励まし合いながら、プログラムを完成させたことで、自分のなかでは山を一つ越えたような充実感がありました**」

ただ、そこで感じた「ものづくりの達成感」が大きすぎたことで、松元の心には少しずつ迷いが生じるようになる。短期間のプロジェクトをいくつか経験するが、ものづくりの現場ではなく、もっと上流の経営に関わるプロジェクトだった。戦略コンサルティングは、豊富な経験と経営に関する複眼的な視点が求められるため、入社間もないスタッフは、どうしてもアシスタント的な立ち位置になりがちである。長いキャリアパスのなかで見れば階段の踊り場のような時期だが、前のプロジェクトでシステム構築という目に見える大きな達成感を知っていた松元は、自分のポジションをうまくつかみ切れなかったようだ。

「ものをつくっていれば、手応えとしての達成感が残ります。でも、そうした達成感を味わった後に経験したプロジェクトでは、『誰のために、何をやっているのか』が分からなくなっていました。クライアントの先にいる、エンドユーザーの顔が見えない。もやもやしたまま仕事をしていました。そんな時、心のすき間を埋めるように、ある思いが私のなかに湧き上がってきたのです」

劇団四季――。実は大学を卒業する時、日本で演劇の世界に飛び込みたいという思いも、松元には少なからずあった。仕事に対する手応えを失っていた時、その存在が自分のなかで大きくなり、やがて「ダメもとでも、1回チャレンジしてみないと、ずっと後悔してしまうんじゃないか」と思い、願書を送り、オーディションを受けた。もちろん、この時点では会社には内緒である。

歌、ダンス、本読みなど、合計3回のオーディションを受け、本人はまったく予想していなかったが、松元は合格した。約1400人の応募があり、最終的に合格したのは数十人という狭き門。うれしさよりも驚きのほうが先だったが、いざ合格すると、会社を辞めるという選択肢が現実のものとなる。考えた末、直近のプロジェクトの上司に、「転職したいと思います」と告げた。他に引き抜かれると思ったのか、「どこに行くんだ」と、上司は某コンサルティングファームの名を口にする。首を横に振り、松元は答えた。

「劇団四季です」

上司は、しばらく言葉を失っていたという。高校、大学と歌、ダンス、ミュージカルに打ち込んでいたことを、松元は社内では特に話していなかった。カラオケに行くようなこともなかったため、歌を聞いたことのある同僚もいなかった。突然、「劇団四季」の名前を出されたら、驚くのも無理はない。結局、上司からは「頑張れよ」と励ましの言葉をもらい、松元はアクセンチュアを〝卒業〟することになる。

30歳。人生のターニングポイントとなる決断

劇団四季に入団したものの、そこから先は完全に実力の世界。新人は掃除などの雑用をこなしながら、歌、バレエ、ジャズダンス、タップダンスなどのレッスンを受け、演目別に行われる劇団内のオーディションに参加して、自分の力で役をつかまなければならない。松元の最初の舞台は、あの『ライオンキング』だった。

「といっても、サイの後ろ足ですが（笑）」

その初舞台で、松元は自分が求めていたものと出合う。

「舞台はスタッフ、キャスト全員が力を合わせてつくるもの。主役でもサイの後ろ足でも、欠かせないピースであることに変わりはありません。カーテンコールの時、私は着ぐるみを着て、頭だけ出した格好でステージ上にいましたが、会場を一杯に埋め尽くす1200人の拍手喝采を全身に浴びて、鳥肌が立ちそうなほど感動しました。目の前にお客さんがいて、いい舞台をつくれば、その場でフィードバックがある。この達成感、ライブ感を自分は求めていたんだと、ステージの上で感じました」

劇団四季時代、松元はのべ1000回以上、舞台に立っている。『ライオンキング』から始まり、『ジョン万次郎の夢』『王子とこじき』『ジーザス・クライスト＝スーパースター』『マンマ・ミーア!』など、劇団四季を代表するような作品に何度も出演した。サイの後ろ足だった『ライオンキング』では、後にソロで歌う大きな役も経験した。

「特に印象に残っているのは『ジョン万次郎の夢』というミュージカルです。何十年ぶりかの再演で、一からつくり直す必要があったのですが、若手が中心になって全国ツアーを行いました。演劇、ミュージカルが好きで、**熱い思いを持った仲間たちと一緒に過ごす時間は、とても刺激的で楽しかった。**いまも親交が続いています」

舞台に夢中になる日々が続くなかで松元の周りでは変化が起きていた。アクセンチュアで働いていたこと。ネイティブに近い英語が話せること。自分の経歴を隠していたわけではないが、演劇には関係のないことなのでほとんど口にしていなかった。『マンマ・ミーア！』の上演中、海外から来ていたプロデューサーと英語で話したことがきっかけで、「あいつは英語が話せる」「前は経営コンサルタントだったらしい」となり、俳優として舞台に立つだけでなく、劇団の運営に関わるような仕事も命じられるようになっていく。

プロデューサー的な立場での海外の視察、上演演目の決定に携わりながら、通訳、キャスティング、マーケティングイベントの企画、演出助手等々、英語力と、ビジネス現場で培った機転の早さを買われ、俳優以外の時間がどんどん増えていった。

「そうした仕事には俳優と別の面白さがあります。でも、舞台で拍手喝采を全身に浴びるような感動は自分には感じられなかった。年齢的にも30歳が目前で、結婚もしていたし、家族のことも考える必要がありました。『四季』は日本有数の劇団ですが、将来が保証されているわけではないし。自分の将来について、地に足をつけて考えたのがその頃です。家族とも話し合い、海外のエンタメ系の会社に転職する、大学院で勉強をし直してキャリアを再スタートさせるなど、いろいろな選択肢のなかで悩んだことを覚えています」

そんなとき、アクセンチュア時代の同僚から「同期会をやろう」と誘いを受けた。会社のこと、仕事のことを話しているうちに、松元のなかで一つの選択肢が大きく膨らんでいった。**「アクセンチュアに戻る」**。もともと、会社が嫌で辞めたわけではなく、別の夢を追うために〝卒業〟した経緯がある。数年のブランクのある自分に務まるのか、という不安もあったが、元同僚と話していくなかで、不安は期待へと変わっていった。

再就職。そして、金融業界のグローバル展開支援へ

もともとアクセンチュアには、〝卒業〟からしばらくして、再就職する人も少なくない。また、〝卒業生〟だけで構成される「アルムナイ（英語で「卒業生」の意味）」というコミュニティがあり、そこではバーチャルで、またはリアルで、さまざまな交流や情報交換が行われている。劇団四季を辞めてからアクセンチュアに再就職するまでの間、松元はアルムナイのネットワークを通じて、ベンチャー企業の業務支援、プロジェクト管理などをフリーコンサルタントとして手がけていた。「リハビリでした」と本人は言うが、**会社を辞めた人たちだけのネットワークが機能しているところにも、チーム主義や人材育成など、アクセンチュアらしさがにじみ出ている**といえそうだ。

再就職は2010年の5月。コンサルタントとしてのキャリアだけを見ると回り道のように思えてしまうが、本人の考えは違った。劇団四季に在籍していた約5年間で、その後

の人生にプラスになるものを得たと、実感していたからだ。

「どんなに素晴らしい役者がいても、一人で舞台はつくれません。関わる人すべてのエネルギーを集約して初めて、観客に感動を届けられる。それは仕事でも同じで、舞台の仕事を通じて再認識させられました。もう一つは、大勢の観客を目の前にして演じた経験によって、より目の前のクライアントを意識するようになりました。以前は、自分の力で結果を出してやろうという思いが先走っていましたが、再就職してからは、**クライアントと同じ目線で、どれだけの価値を提供できるかにフォーカスできるようになったし、クライアントに喜んでもらうことが、自分の喜び、成長につながると実感しています**」

「誰に向かって、何をしているか」が見えなくなっていた自分は、劇団四季での経験を通じて消え去り、仕事の現場が舞台であり、目の前のクライアントが客席を埋める観客だと思えるようになった。意識が大きく変わったことに、本人も驚いたようだ。

前述したように、アクセンチュアは再就職組が少なくないため、復帰してすぐ、ずっとそこに在籍していたような扱いをされる。**以前からの知り合いから「戻ってきたんだね」と挨拶される程度で、呆気ないほど自然に復帰できた。**

ただ、担当する業界は、以前の通信・メディア・ハイテクから金融へと変わっていた。アクセンチュアのなかで、金融業界の海外プロジェクトが増えていた時期で、海外暮らしが長く、英語も堪能な松元には、グローバルでの活躍が期待されたからだ。自分の強みを生かせる分野でもあり、本人も納得した。

ところで、通信・ハイテク業界と金融業界では、コンサルティングに求められるものは変わるのだろうか。

「専門領域はまったく別物ですが、コンサルティングの基本部分は変わらないと思います。ひと言でいうと、**順応力と探究心**。順応力は適応力、柔軟性ともいえますが、もともと新しいことにチャレンジするのが好きだったし、舞台は生き物で、順応を絶えず求められるところもあるので、すんなり受け入れられました。探究心について言えば、入社したばかりの頃、Ｊａｖａやオラクルの専門書を読みあさっていた時のことを思い出し、必死に勉強しました。もちろん、社内のトレーニングも活用できるし、アクセンチュアのグローバルのネットワークを使って、海外オフィスの金融担当の人たちから、いろいろと教えてもらうこともできます。自分の英語力のありがたさを、そこで痛感しました」

また、金融サービス本部のなかでも、松元の担当領域は日本の金融機関のＩＴグローバル化。プログラム管理、個別プロジェクトの支援などで、以前、所属していた時の経験、スキルを生かせる環境でもあった。

香港での勤務は、**アクセンチュアが推進する日本企業のアジア進出支援のプラット**

フォーム「JGP（Japan Globalization Platform）」の一環で、日本のアクセンチュアに在籍したまま香港のオフィスに常駐し、日本の金融機関のグローバル化を支援する立場だ。松元は**自ら志願し、香港での駐在を実現させた**という。これまで存在しなかったポジションでもあり、会社の期待も、本人のモチベーションもこれまでにないほど高い。

「最初は、国内で担当していたクライアントの海外進出を支援しながら、他の金融機関へも幅を広げていくことになると思います。日本の金融機関の海外進出を活発化させるために必要なのは、ガバナンスを強化する一方で、ローカルに権限を委譲していくことでしょう。どうしても、日本の本社が海外の拠点もコントロールしようとする傾向があり、それだと意思決定に時間がかかりすぎますし、地域に根差したサービスを展開しにくくなります。金融は意思決定スピードが命の業界でもあり、海外の拠点にある程度の裁量権を持たせながら、ゆるやかなガバナンスに基づく信頼関係を築く。そのサポートを、私はＩＴを中心に、さまざまな視点から行っていきたいと思います」

グローバルで働くには〝出る杭〟になることを恐れない

自分の強みを生かせる海外勤務を実現したいま、これからのキャリアについてはどう考えているのだろう。当面の目標は、香港での足場をしっかり固め、日本の金融機関が積極的に海外展開できる環境を整えること。何年かかるか分からないが、家族も一緒に香港で生活するため、当分は現地で暮らすつもりのようだ。その先のことは、まだ具体的なイメージは抱いていないという。では、松元にとっての「自己実現」とは何なのだろう。

「いかにもコンサルタント的な、かっこいい答えを期待していたらそれを裏切ってしまうかもしれません。私の人生の目標は、抽象的ですが**『幸せになること』**です。自分はもちろん、家族も、友人知人も、私の周りにいる人たちが幸せを感じられるように振る舞える環境をつくっていきたい。仕事も同じで、成果を出していくのは当然ですが、**数字だけで判断されるのではなく、『あいつと働けてよかった。楽しかった』と思われる存在でいたい**と思います。いつか日本に帰るとは思いますが、その時は、個別のプロジェクトよりも、自分の後に続く人材を育てるほうに興味が向いているかもしれませんね。

もし、アクセンチュアを〝再卒業〟することがあれば、自分で起業すると思います。実は事業計画書もつくっています。英語だけでなく、ダンスや歌など、広い意味での表現力を子どもたちに教えたい。新しいタイプの保育園かもしれませんが、小さい頃から表現力を磨くことで、**将来の、グローバル人材の輩出に少しでも役立てれば、という思いがあります**。ただ、これはまだ個人的な事業計画で、具体的な進め方は何も考えていません。い

上／多国籍の同級生たちとすごした香港インターナショナルスクール時代。高校2年（10年生）の時に出演した「Guys & Dolls」というミュージカルの舞台で。10代の松元を魅了したのはやはり舞台で役を演じることだった。下／一度は「卒業」した男が、古巣に戻って活躍の場を得た。そして、以前よりは鮮明に見えてきた、自分が歩むべき道。これかも「出る杭」になることを恐れず。

まは、香港でのプロジェクトを成功させることで頭が一杯なので」

アクセンチュアは、社会貢献活動の一環として**「Skills to Succeed（スキルによる発展）」**というテーマを掲げ、日本の人材力強化に貢献しているが、未来のグローバル人材を育てることも重要なミッションの一つだ。いつか、事業計画書を持って手を挙げれば、アクセンチュアに在籍しながら、新しい保育施設の運営を支援できるかもしれない。

「そういう可能性もあります。**アクセンチュアのいいところは、キャリアデザインを明確に掲げている人にはチャンスが与えられること。**私の香港勤務が実現したのも、これまでの経験とスキルを生かせるのは海外のプロジェクトだと、いろんな人に話してきたことが大きいと思います。もちろん努力も能力も、そして運も必要になりますが、**出る杭になることを恐れないメンタリティがあれば、道は開ける**はずです」

香港からアメリカへ留学し、アクセンチュアへ。夢を追いかけて劇団四季に所属し、いまはまたアクセンチュアでキャリアを築く。常識にとらわれず、「幸せになること」を追求してきた松元の生き方は、まさに「出る杭になること」の連続だった。ビジネスが日本だけで完結する時代なら、出る杭にならないことが有効な処世術だったが、グローバル時代に、海外を舞台に働こうとするなら話は別。徹底して出る杭になるくらいのバイタリティが必要なことを、松元は身を持って示してくれている。

想定外のことは起きる。人生だから。でも、しなやかに生きていれば、どんな出来事もプラスに変えられる。

Person 10

キャリアを生かして社会貢献する「プロボノ」にも邁進

戦略コンサルティング本部　シニア・マネジャー

植野蘭子 Ranko Ueno

1978年生まれ。東京外国語大学卒業後、自動車メーカーに入社し、主に人事・人材育成の業務に従事。結婚を機に退職し、夫の海外赴任・留学に合わせて海外での生活を経験。帰国後、2006年アクセンチュアに入社し、2014年シニア・マネジャーに。企業へのコンサルティング業務のかたわら、コーポレート・シチズンシップ活動に参画し、プロボノ活動に取り組む。

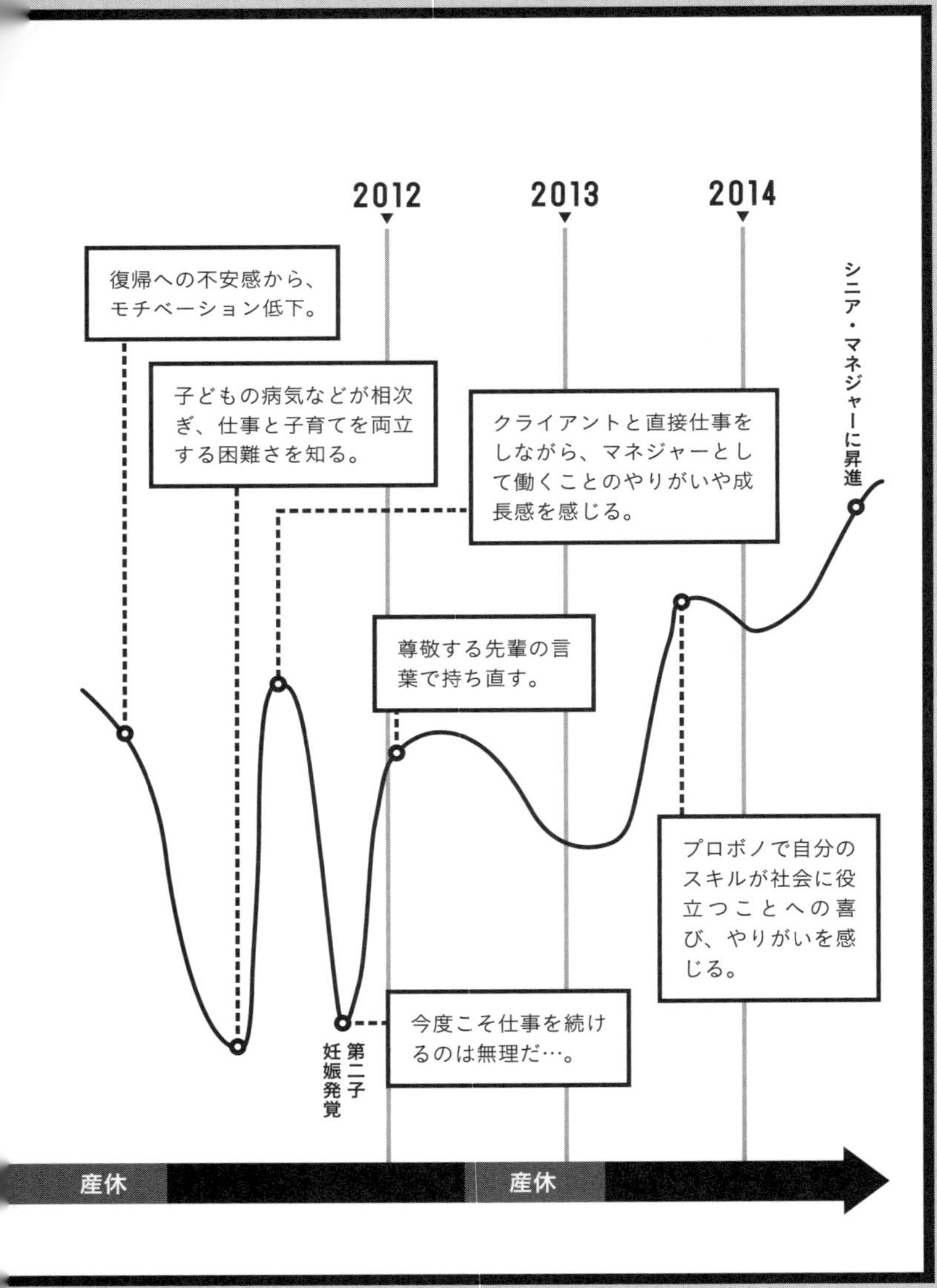
2012
2013
2014
復帰への不安感から、
モチベーション低下。
子どもの病気などが相次ぎ、仕事と子育てを両立する困難さを知る。
クライアントと直接仕事をしながら、マネジャーとして働くことのやりがいや成長感を感じる。
シニア・マネジャーに昇進
尊敬する先輩の言葉で持ち直す。
プロボノで自分のスキルが社会に役立つことへの喜び、やりがいを感じる。
第二子妊娠発覚
今度こそ仕事を続けるのは無理だ…。
産休
産休

植野蘭子 モチベーション曲線

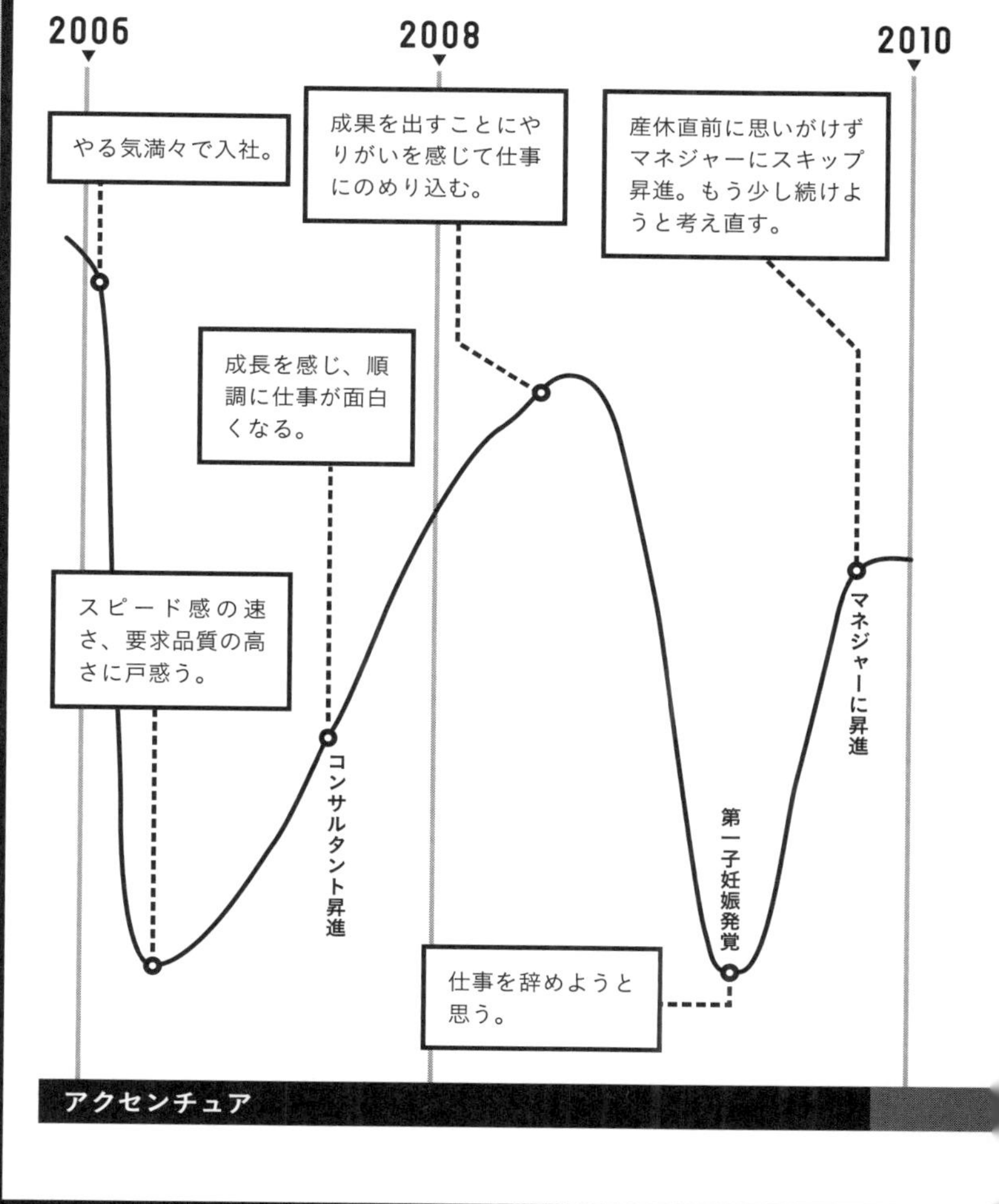

「国連職員」として働くことを夢見た10代の頃

多くの企業が行動指針に掲げるCSRには、実にさまざまな概念が含まれている。適切な企業統治のあり方、安全基準の実践、環境的に持続可能な企業経営、ボランティア活動等々、ひと言でCSRといっても、時間軸も空間軸も無限に近いほどの広がりがある。CSRという言葉で一つに束ねるには無理があり、近年は、より具体的な行動に落とし込む動きが盛んだ。

これまでも触れてきたように、**アクセンチュアでは社会貢献活動を「コーポレート・シチズンシップ」と呼び、さまざまな活動を行ってきた**。これは「企業は社会のなかの一市民として責任を持って行動すべきである」という、企業理念の根幹をなす要素。同時に事業を行う際の方針でもあり、すべての社員の行動規範ともされている。

2010年からは、**「Skills to Succeed」を全世界共通のテーマとして掲げ、社会貢献活動を行っているが**、その一つの形態が「プロボノ」だ。

戦略コンサルティング本部のシニア・マネジャー、植野蘭子は、コンサルタントとして培った経験、スキルを生かして、障害者の就労の場である福祉事業所の経営支援による工賃向上、障害児を長時間預かる保育施設の立ち上げなどの社会的課題に対して、プロボノ活動を通じて携わってきた。

「プロボノは、仕事で培った経験やスキルをそのまま生かせるため、参加のハードルが低いともいわれますが、通常のコンサルティングにおけるビジネス現場とは異なる難しさがあります。ＮＰＯを支援するといっても、資金もマンパワーも不足し、知名度が低いところも多く、そもそもビジネスとは感覚の異なる世界。**事業会社相手の常識が必ずしも通用しないため、非常に難しい側面もあり、参加する側の真の実力が問われます**」

プロボノ活動に意欲的に取り組んできた植野だが、その原点はずっと以前。それも、まだ幼かった頃にさかのぼる。

「『仕事をしてお金を稼ぐ』という概念すら分からない幼い頃から、『勉強して世の中のためになれ』と両親からいつも言われていました」

父親が公的な職に就いていたこともあり、家庭内の会話でも社会的な問題が話題になることがよくあった。意味は分からなくても、世の中には解決しなければならない問題がたくさんあり、それを解決できる大人になるために勉強するのだと思うようになった。そして、漠然とではあるが**「人の役に立つ仕事がしたい」**と思うようになり、小学生の頃に思い描いた将来の職業は、医師。その後、新聞やテレビのニュース等で世界のさまざまな問題を知り、高校生の頃は「国連職員になりたい」が目標、夢になっていたという。大学は東京外国語大学に進学した。

「専攻はフランス語にしました。国連の公用語の一つだったからです。当時、1～2年生では、専攻語とその地域の基礎を学び、3年生から専修テーマごとのコースに分かれるのですが、国連で働くことを意識して、3年生からは国際関係論のゼミに所属し、ヨーロッパの政治経済統合を研究テーマとしていました。3年生の時、学生ボランティアとして国連の広報センターで働く機会があり、夢の実現のための第一歩だと、とても喜んだことを覚えています」

しかし結論からいうと、国連職員の道は選択しなかった。広報といっても、一般企業のように戦略的なパブリシティ展開を積極的に図るわけではなかった。実際の作業といえば、新聞のクリッピングから始まり、国連に関するどんな報道記事があるかを把握したうえで、その対応を検討していくことだった。

「私が世間知らずだったのですが、自分には合わないと思ってしまったんですね。そこから一般企業への就職も考えるようになり、国内の自動車メーカーへ入社することにしたんです」

コンサルタントとして活躍する現在の姿を見ると、もともとキャリア志向の資質が強かったのでは、と思ってしまうが、当時は具体的な将来像を描いていたわけではない。

マーケティングに興味はあったが、配属はグローバル人事部。メーカーに在籍していた約4年間は、人事・人材育成関係の部署で働いていた。優秀な同僚のなかで仕事も充実しており、将来の安定を約束されたような職場だったが、植野はあっさりと、敷かれたレールから降りてしまう。

キャリアデザインとライフイベントの狭間で

理由の一つは結婚。そして、もう一つの理由は海外暮らしへの憧れ。結婚してすぐ、テレビ局に勤める夫がニューヨークへ1年間の赴任・留学をすることになり、植野は一緒に渡米した。現地では、語学学校に通う以外はのんびりすごしていたが、そんな日々もあっという間に過ぎた。

帰国すると、夫は以前と同じように忙しく働き、連日帰宅も遅い。植野の友人知人の多くもバリバリ働いていた。「このままでいいのか」。そんな思いが募ってきた。

「自分が女性としてキャリアを積むということを強く意識するようにもなっていました。男性と違い、**女性のキャリアはどうしてもライフイベントに左右されます**。現に、私も結婚を機に前の会社を退職していたし、出産や子育てがあれば、次の職場でもずっと働き続けることはできないかもしれない。たとえ仕事を離れても、どこでも通用するスキルがあれば復帰しやすくなる。できるだけ短期間で、キャリアの基盤を築ける職場はどこかを考えた時、浮かんだのがコンサルティングファームでした」

アクセンチュアを選んだのは、**「自分のポテンシャルを最もフラットに評価してくれていると感じたから」**と植野は振り返る。

「面接を担当していただいたシニア・マネジャーの女性に、既婚・独身、男性・女性にかかわらず、その人が戦力になると思えば採用すると言われたんです。彼女の面接での質問は非常に鋭くて冷や汗をかきましたが、『こういうふうになりたい』と思わせる方でした。何社かオファーをいただきましたが、アクセンチュアを選ぶことに、迷いはほとんどありませんでした」

入社当初は、クライアントから求められる成果物のクオリティの高さ、そしてスピード感に戸惑ったが、性に合っていたのだろう、仕事の面白さは格別だった。アナリストとして入社し、1年後にはコンサルタント、3年後にはマネジャーに昇進し、現在は戦略コンサルティング本部のシニア・マネジャーとして働いている。かたわらから見れば、着々と順調なキャリアを実現しているように思えるが、「現実は違う」と植野は言う。女性特有のライフイベントに直面して弱音を吐き、「もう続けられない、仕事を辞めよう」と思い詰めたこともあった。それを乗り越えられたのは、アクセンチュアの仕事スタイルと、彼女の切り替えの早さだった。

「入社当初のアナリストを経て、コンサルタントになると、ある程度の裁量を与えられ、仕事を一人で差配できるようにもなります。私は細かくマネジメントされるのが苦手な性質なので、とても働きやすく感じたし、やりがいも大きかった。一人で差配できるということは、自由な反面、責任も大きくなりますが、そのような役割の変化を、プレッシャーではなく、前に進む推進力に変えられるタイプのようです」

もちろん、何から何まで「一人で」というわけではない。重要な局面では上司がサポートしてくれたり、同僚や先輩に分からないことを聞けば、ていねいに教えてくれた。

「個人の働き方を尊重しながら、**チームとして、最善の価値を提供する『クライアント・ファースト』が徹底されている。これがアクセンチュアの企業文化であり、働きやすさを支えているの**ではないでしょうか」

仕事に没頭していた入社4年目。植野は、新しい命を授かる。女性としてはこの上ない歓びだったが、キャリアという視点からは複雑な心境でもあった。仕事が忙しくなる一方で、お腹は少しずつ大きくなり、やがて、命の胎動をはっきり感じられるようにもなる。ビジネスパーソンとしての自分と、一人の女性としての自分の間で心は揺らぎ、そしてとうとう「こういう働き方はもうできない」と、諦めに似た感情が芽生えた。

そんな矢先、思いがけない知らせが植野に届く。マネジャーへの昇進である。

「当時私はコンサルタント2年目で、通常はコンサルタントを3年経験してからマネジャーに昇進するケースが多かったので、昇進はまったく想像していませんでした。でも、ずっとマネジャーにはなりたいと思っていたので、ここで辞めてしまっては意味がない。まずは無事に出産してから、職場に復帰しようと決め、産休に入りました。それにしても、**出産間近の女性を昇進させるなんて、普通は考えられないですよね。**フラットに評価してくれている証しでもあり、『出産してもアクセンチュアで活躍してほしい』という会社のメッセージだとも感じました。あれがなければ退職して、キャリアを捨てていたはずです」

退職寸前まで傾いた気持ちをつなぎ止めた、上司のひと言

産休・育休は1年4カ月。子育てと仕事を両立する難しさは十分に覚悟していたつもりだったが、現実は予想を超えていた。小さな子どもは、ちょっとしたことでも熱を出したり、お腹をこわしたり、母親としての役割を求められる局面が思わぬ時にやってくる。

「挫けそうになったことも、クライアントに大きな迷惑をかける前に辞めたほうがいいのかも、と思ったこともあります」

そんな植野を支えたのは、マネジャーとしての責任感だった。

「担当していたのは、金融機関の人材育成に関するプロジェクトでした。コンサルタント時代とは違った難しさがありましたが、**課題を一つひとつクリアすることに、自分自身も成長している手応えが感じられました**」

どうにか仕事と子育てを両立させるペースをつかんだ頃、第二子を授かったことが分かった。歓びを感じると同時に、植野は「今度こそ仕事を続けるのは無理だ」と、退職を強く意識する。仲の良い同僚や友人たちに相談すると、「いままでよく頑張ったよ」「そうする（辞める）のが普通じゃないの」。植野が育児との両立生活に苦労してきたことを知っていた友人たちだからこそ、仕事を続けることを勧める人はほとんどいなかった。

「そうだよね、もう無理だよ。辞めなくちゃいけないよね。そう考えて、当時のプロジェクトの上司に相談しました。アクセンチュアは本人の事情に対して柔軟に対応してくれる会社ですから、私の意思が固ければ、問題なく認めてくれるだろうと思っていました」

ところが、「できることなら辞めてほしくない」と、上司は予想外の反応をした。

「続けるのは難しいと思いながら、その一方で、仕事を続けたいという自分もどこかにいました。それまで相談した人たちは、〝You（あなた）〟を起点に話していましたが、その上司だけは**〝I（自分）〟を起点にして、『自分は、辞めてほしくない』と言ってくれた。**そのような〝I〟のスタンスで伝えられたのは初めてだったので、とても新鮮に感じました。『植野のような人材にはアクセンチュアで活躍してほしい』とも言われ、『退職を決めるのはまだ早い。どこまでできるか、頑張ってみよう』という気持ちに切り替えられました。あのひと言がなければ、今度こそ間違いなく辞めていたと思います」

約1年間の第二子の産休・育休を終えて復帰した時、植野は覚悟を決めていた。**「子育てを言い訳にはしない。ずっと働き続ける」**と。子どもが病気をするのは仕方ない、時が経てば子どもの成長に伴って多くの問題は解決すると思えるほど、精神的にタフになっていたし、子どものために仕事を休む事態が発生したときに備えるようにもなった。

「女性に生まれた以上、結婚、出産、育児といったライフイベントが、キャリアに影響を与えるのは仕方ないこと。**男性にはできない貴重な経験をしていると、前向きにとらえる精神的な図太さも必要**だと思います。妊娠中につわりで動けなくなったり、出産してから子どもが熱を出して休むことになったりすると、真面目な女性ほど自分を責めがちですが、**大変な時期がずっと続くわけではなく、長いキャリアのなかで見ればほんの短い期間です。必要以上に自分を責めず、緩急をつけ、休むときは休んで、子どもの看病などに集**

中する。たとえ他のスタッフに迷惑をかけることになっても、『ごめんなさい。いつか必ず埋め合わせはします』と思い定めて、くよくよと自分を責めすぎないこと。それくらい割り切る時期があってもいいと私は思います」

母親としての視点を持ち、「プロボノ」に取り組む

植野に2回の取材を行ったが、2回目の取材当日の朝、スタッフのもとに、植野からの「リスケジュールのお願い」を知らせる緊急連絡が入った。下の子どもの具合が悪くなり、急遽、休まなければいけなくなったからだ。彼女は、仕事と子育ての両立の大変さのなかで、いまも戦っていた。それでも再び会ったときは、表情は穏やかだった。母親の強さを感じさせる明るさがあった。

植野は、仕事と子育てを両立させるなかで、「新しい視点が生まれた」という。がむしゃらに働いている時は意識しなかったが、**母親として育児と向き合うことで、自分の居場所や社会全体を俯瞰して見られるようになった。**そこから、漠然とした問題意識が芽生えていく。

「このまま世界の人口が増え続けたら、食糧はどう供給されるのだろう。化石燃料に頼ら

ないエネルギー社会は、どうすれば実現するのだろう。現在の自分からは遠く感じがちな問題ですが、子どもというフィルターを通すと、現代社会が抱える多くの問題を、輪郭がはっきりした現実として感じるようになったのです。**『子どもたちに、どんな未来を残してあげられるのだろう』『少しでも暮らしやすい社会を残すために、いま私は何をすべきなのだろう』**。**仕事と子育てを両立するなかで、視野は広がった**と思います」

子どもの存在を通して、未来を想像する母親の視点。その未来は、自分がキャリアを築いてきたビジネス現場と直結していると考える、ビジネスパーソンの視点。さらに植野には、もともと「国連職員となって世のため人のために働きたい」と思っていた幼い頃の記憶がある。その三つがリンクした結果、植野の意識が、アクセンチュアの社会貢献活動「プロボノ」に向かったのは、必然だったともいえる。

アクセンチュアのプロボノは、仕事の空き時間にお手伝い感覚でできるものではなく、通常のプロジェクトへの参加と同等の意識とコミットメントを求められる。さらに、リーダー的な立場になれば、生半可な気持ちでは務まらない。社内的な評価の体制も確立されており、社会貢献活動である以上、利益は上がらないが、**通常のプロジェクトの成果と同じように厳しい目で評価されることも、プロボノに対する社員の意識の高さを後押ししている。**

上／障害者の自立支援のために、植野が立ち上げに尽力した「イクォルト」ブランドの製品は全国各地のセレクトショップなどで販売されている。下／出産、子育てというライフイベントのなかで、心は揺れ動いてきた。それを乗り越えて身についた生き方のスタンスがある。「ゴールなんか意識しなくても、人は“その人があるべき方向”に向かって歩んでいくことができるのだから」

「私が参画したのは、障害児を長時間預かる保育施設の事業計画策定と、障害者の就労の場である福祉事業所の経営支援のプロジェクトでした。福祉事務所の経営支援プロジェクトについて少し詳しくお話ししますと、日本には約740万人の障害のある人たちがいますが、就労機会は少なく、働いたとしても、収入は非常に少ないという現実があります。私も驚いたのですが、福祉事業所で働く障害のある人の月給は、全国平均で約1万3000円（2010年度厚生労働省調査）。経済的自立には程遠い収入しか得られないのが現状です。そこで、『AAR Japan（NPO法人 難民を助ける会）』と協業し、福祉事業所の収益改善のための新規事業立ち上げのプロジェクトに取り組みました。福祉業界ではあまり例のない取り組みであり、自分の戦略コンサルティングの経験、スキルが生かせたと思います」

具体例の一つとして、デザイン小物のブランド『イクォルト（equalto）』の立ち上げがある。以前から福祉就労施設ではものづくりを行っていたが、「つくれるものをつくり、できたものを売る」という考え方が主流で、「売れるものをつくる」という視点はすっぽり抜け落ちていた。品質管理や販路開拓といった活動も十分なものではなかった。でも、デザイナーと連携した「売れる商品」を開発し、製造環境を整え、品質をしっかり管理して流通に乗せれば、きっと継続的な収益を上げられる。植野はそう確信していた。そのために２０１３年に実施したのが、「アートクラフトデザインアワード（現「イクォルトアワード」）」というデザインコンペだった。

「障害者のものづくりを支援したいと、全国から寄せられた３８２点の応募作品のなかから、著名デザイナーやバイヤーの審査によって選ばれ商品化されたのが5点。そのデザインを基にして、宮城県と福島県の福祉事業所で商品化を進め、デザインという付加価値のある小物を、福祉事業所で生産するモデルをつくりました。さらに、若者に人気のセレクトショップや全国規模のショップにも商品を置いていただき、新しい販路の開拓も行っています。いいものをつくれば、売れる。売れれば福祉事業所の収益となり、それが、障害者の工賃アップにもつながる。福祉事業所でつくる商品に関して、全国規模の販路の開拓まで行った事例は珍しく、事業自体はまだまだこれからですが、障害者支援の新たな方向性を示すことができたと思います」

キャリアデザインには欠かせない〝想定外〟への対応

もちろん福祉業界での事業立ち上げには苦労も多く、最初に感じたのは事業に関する考え方の違いや、コミュニケーションの仕方の違いだった。一般企業相手のプロジェクトでは、お互いに、「企業の利益を向上させる」という根本的な課題意識が共有されているため、その共通認識のもとにストレートな議論を繰り返しながら、事業プランなどを詰めていくことができる。ところが、福祉事業所においては、そもそも「利益の追求」という考え方が根づいていない。また、コミュニケーションスタイルも、こちらが強く主張してしまうと、先方は一歩引き、場合によっては警戒感さえ抱かれることがあるという。植野は極力、自分は前面には出ず、NPO法人を後方支援するという立ち位置を貫いた。

「一方、**アクセンチュアの社内では、通常のプロジェクトと同じように事業プランの方向性や実現性を検討し、しっかりレビューされます**。支援する対象に対していかに大きな経済的インパクトを与えられるかがポイントで、今後、事業を10倍、100倍といった規模に拡大していくための『工業化』の視点を踏まえているか。品質にばらつきが出ないような手順の標準化や、事業成果を定量的に評価する仕組みがあるのかも厳しく問われます。プロボノとはいえ、いかに大きな成果を出すかが重要であり、そのための検討は真剣勝負なのです」

イクォルト事業のプロジェクトにはフルタイムで参画していたが、いまは事業会社に対するコンサルティングのプロジェクトをメインとしながら、パートタイムでプロボノにも携わっている。人材のダイバーシティ促進やグローバル化の視点から、外国人や女性の就業を支援する事業についても、検討を進めているところだ。人口減少社会に入った日本社会にとって、大きな意味を持ちそうな活動である。

「企業に対するコンサルティングの仕事とプロボノを別々に考える人もいると思いますが、私の場合はすべて一つの線上にあると感じています。事業会社へのコンサルティングのプロジェクトで経験を積み、成長してきたからこそ、プロボノで社会に貢献する機会を与えてもらえた。**プロボノで得た経験も私を成長させてくれるし、それは次のコンサルティングのプロジェクトにもきっと生かされ、微力かもしれませんが、日本経済にインパクトを与えていく。**そんな流れが、できた気がします」

今後について尋ねると、「以前は目的志向の強い人間でしたが、いまは具体的なゴールは設定していません」と植野は答えた。子育てというライフイベントを経験し、**想定外に対応する柔軟さが必要**だと気づいたためだ。それだけでなく、**ゴールを意識しなくても、自分の人生は「あるべき方向に向かっている」と実感できている。**出産と育児により、ゴールへのスピードとたどる経路は少し変わったかもしれないが、その代わり、社会とのつながりを実感できるプロボノとまっすぐに向き合うことができた。差し引きはゼロ、ではなく、二人の子どもを授かり、プロボノでも成果をあげているのだから、間違いなくプラスである。

「よく、仕事も育児も大変で自分のための時間がないでしょう、と聞かれるのですが、私は、仕事をしている時間も育児をしている時間も『自分のための時間』だと思っています。コンサルタントの自分、母親としての自分、社会貢献活動をしている自分。そこに序列はなく、すべてが自分のやりたいことであり、やるべきことだからです。**いまやるべきことを精一杯やり、ライフイベントによる想定外の寄り道も楽しむことができれば、いい波に乗りながら、最終的には自分が納得できる人生になる**のではないかと。それくらい、大らかに考えていきたいと思っています」

その言葉からは、母としてというより、人としての強さとしなやかさが伝わってきた。

自分で明確なキャリアパスを思い描けば、道は切り拓かれる。そんな環境がこの会社にはある。

Person 11

運命のように引き寄せられて、日本へ

人事部　スペシャリスト

ダニエル・ゲルバー Daniel Gerber

1977年ドイツ生まれ。大学在学中に交換留学生として1年間奈良県に滞在。大学卒業後、再び来日し、離島の自治体の観光商工課に勤務。2006年にドイツに帰国し、アクセンチュアに入社。その後、日本に赴任。5年間にわたり、コンサルタントとして、自動車、小売、金融などのサプライチェーンを担当。その後、人事部に異動になり今日に至る。

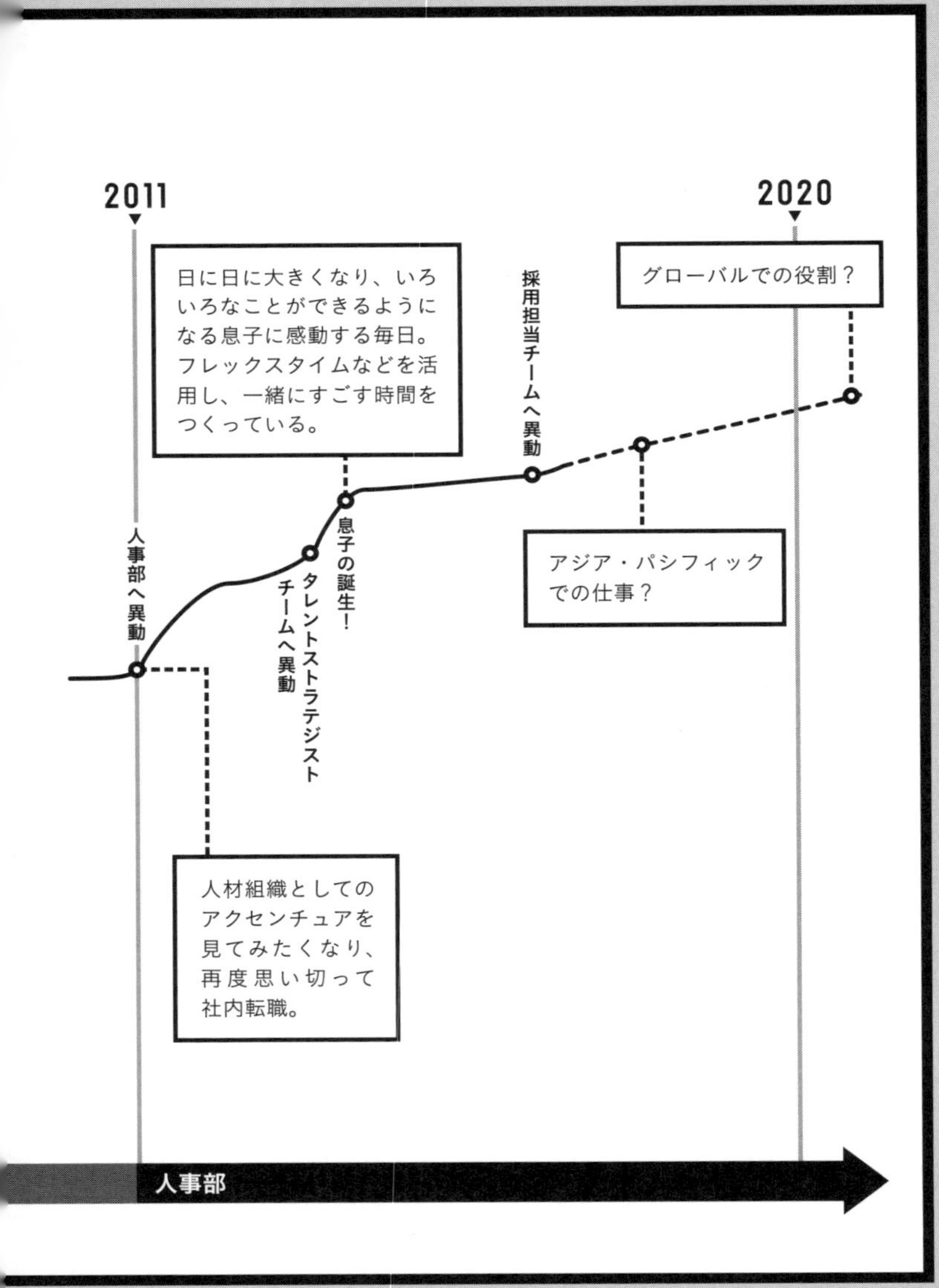
2011
2020
日に日に大きくなり、いろいろなことができるようになる息子に感動する毎日。フレックスタイムなどを活用し、一緒にすごす時間をつくっている。
採用担当チームへ異動
グローバルでの役割？
人事部へ異動
タレントストラテジストチームへ異動
息子の誕生！
アジア・パシフィックでの仕事？
人材組織としてのアクセンチュアを見てみたくなり、再度思い切って社内転職。
人事部

ダニエル・ゲルバー モチベーション曲線

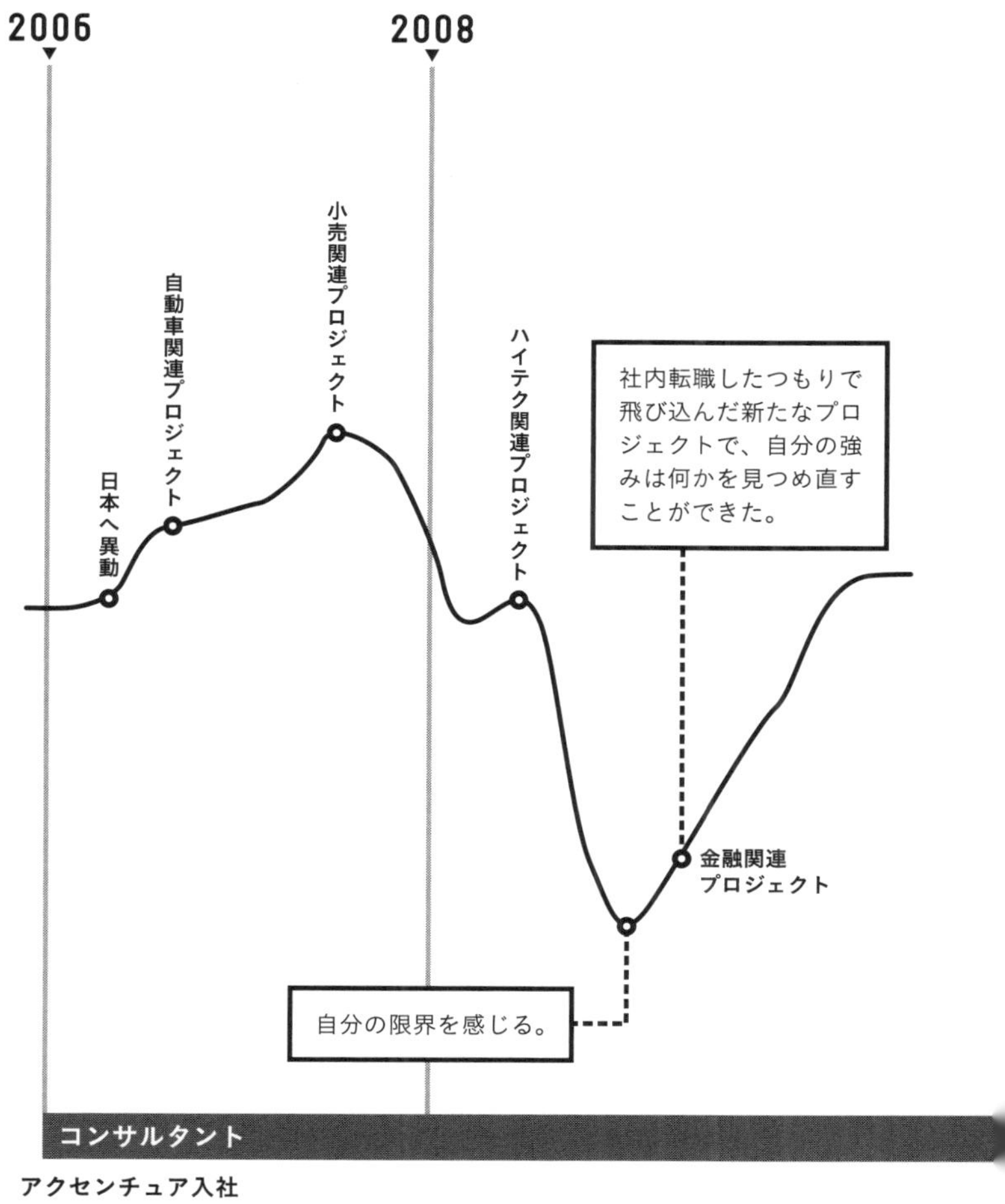

偶然の出会いは、実は「運命」の導き

コンサルティングファームには工場があるわけではなく、目に見える製品を生産しているわけでもない。クライアントへのサービス価値を最大化するのは「人」。均質なマテリアルとしての人材ではなく、それぞれ固有の価値を持つ「人財」が、文字通りアクセンチュアの財産であり、評価の源泉ともなっている。

アクセンチュアと聞き、その職種として最初に連想するのはコンサルタントだろう。しかし、それだけではない。個々のコンサルタントが持てる力を存分に発揮しながら、スピーディかつグローバルレベルで価値を提供し続けるためには、アクセンチュアという多様性のある企業を戦略的に動かすエキスパートの存在が欠かせない。いわゆる管理部門だが、アクセンチュアにとっては、クライアントに提供する価値・サービスを自ら実践し、具現化したショーケースだといえる。

ダニエル・ゲルバーの肩書は「人事部　スペシャリスト」。入社からの5年間はコンサルタントとしてキャリアを積み、自らの希望で人事部に移ったという。アクセンチュアでの自己実現の多様性を表す一人だといえる。

生まれも育ちもドイツのフランクフルト。そんなゲルバーが日本に興味を持ったきっか

けは、本人いわく「まったくの偶然」だった。

「大学の専攻はドイツ文学でしたが、ドイツの大学は副専攻を選択しなければなりません。最初に希望したのは政治学。でも様子を見に行くと、想像とは違ってあまり興味を持てそうな内容ではありませんでした。日本に興味を持ったのは、アパートから学食まで、毎日歩いていた道の途中に、日本学科の建物があったからです。せっかく毎日通っているのだから、1回くらい中をのぞいてみよう。最初は、そんな軽い気持ちでした。

日本語の特殊性を、教授が熱く語っていたのを覚えています。黒板には、それまで見たことのない奇妙な文字が書かれ、日本語には漢字、ひらがな、カタカナの三つの種類の文字があることを知りました。非常に特殊で、難しい言語であること。その壁は高く、1年で約半分の学生がドロップアウトする厳しい学科であること。普通なら、そう聞かされた時点で腰が引けそうですが、私は『それならやってやろう』と、体の芯にポッと火がともるような感覚がありました。そして、何か見えない力に導かれるようにして、入学前はまったく想定していなかった日本学科を副専攻としたのです」

以来、日本への興味・関心は高まり、3年生の時、奈良県の大学との交換留学で初めて来日している。そこで、将来の伴侶となる女性と出会い、人生という旅の航路がおぼろげながら見えてきたという。日本学科に導いた見えない力は、「運命」だったようだ。

いつか、日本で働きたい――。1年の交換留学を終えて帰国する時、ゲルバーはそう考えるようになっていた。大切な女性との出会いはもちろんだが、日本人の振る舞い、コミュニケーションの取り方に「ピンときた」と、当時を振り返る。

「欧米では『初めに自分の主張ありき』ですが、日本では相手の気持ちを大切にするように感じました。議論するにしても、否定から入るのではなく相手の話を聞き、受け入れたうえで、柔らかな表現で自分の考えを伝える。非常に気持ちのいいコミュニケーションのスタイルで、自分に合っているように思えたのです」

大学卒業後は、日本の外務省、文部科学省、総務省の協力のもと、地方公共団体が行う「JETプログラム（語学指導等を行う外国青年招致事業）」に参加。沖縄県の宮古島で2年間の駐在を経験している。ゆるりと流れる島時間に抱かれながら、ドイツの言葉、文学、音楽などを伝え、子どもたちを中心に島民と交流を深めた日々は、「最高でした」と振り返る。同時に、就職についても考えていたが、知人が働いていたこともあり、アクセンチュアの存在を意識するようになっていく。

ここから先の経歴は少し変わっている。ゲルバーはまず、アクセンチュア・ドイツのマネジング・ディレクター（当時の名称はパートナー）がたまたま来日した時に面接を受け、採用された。研修とトレーニングの後、ドイツ国内での自動車業界のプロジェクト

上／JET プログラムで沖縄県の宮古島に赴任していた時期のゲルバー。中学生にドイツ文化を伝えるなど、さまざまな面で島民との交流を深めた。下／日本とグローバルをつなぐ「架け橋」としての役割を担っていきたいと言うゲルバー。日本人以上に日本人の良さを知っている人事のエキスパートである。

で、コンサルタントとしてのキャリアをスタートさせている。実は**面接の際、「将来は日本で働きたい」と伝えていたため、日本に支社のある自動車会社のプロジェクトに配属されたの**だという。

「大学ではドイツ文学専攻で、経営コンサルタントはまったく未知の世界。当時は日本語も未熟だったので、いきなり日本で働くのには不安もありました。ドイツで働き、時機を見て日本へ。いま思えば、ずいぶん自分勝手な話ですね（笑）」

1年後、ドイツから日本に派遣されていたスタッフが帰国することになり、ポジションに空きが出る。**早速手を挙げると、ドイツのオフィスに所属しながら、駐在員として日本のアクセンチュアで働くことが実現した。**世界中にネットワークを持つアクセンチュアらしいエピソードだが、入社前から「将来は日本に行きたい」と、公言していたことが大きい。**明確なキャリアパスを思い描けば、道を切り拓く環境は整っている。**そして半年後、ずっと日本で働くため、ドイツから日本のオフィスへの転籍が実現した。

どん底に落ちた自分を救った、上司のひと言

日本での最初の仕事は自動車関連のプロジェクト。これは、ドイツ国内での経験を生か

すこともでき、モチベーション高く仕事に向き合うことができた。ところが、その先からゲルバーのモチベーションは激しく上下する。

「次に配属されたのは、ファストフード関連のプロジェクトでしたが、知識も経験もまったく足りない現実に直面し、自分の未熟さを痛感しました。次はハイテク企業のサプライチェーンに関するプロジェクト。日本国内で完結するプロジェクトで、クライアントもすべてが日本人。日本語にはそれなりに自信を持てるようになっていましたが、やはりビジネスの現場で突っ込んだやりとりをしようとすると、ネイティブにはかないません。自分の限界を知り、自信を失ったあげく、プロジェクトから外されてしまいます」

どん底――。当時の心境を、ゲルバーはそう語った。そして、「正直、自分にはこの仕事は無理だと、転職を考えたこともあります」。それほど追い詰められていた。後に、海外の金融関連のプロジェクトに加わり、コンサルタントとしての経験と、日本語と英語を使える語学力を生かせる場所があることを知り、モチベーションはV字回復するが、その背景には、上司のこんな言葉があったという。

「社内で転職したと考えてみればいいんじゃないか」

プロジェクトから外され、失意の底にいたゲルバーにとって、雲に覆われた空から射し込むひと筋の光明だった。

「アクセンチュアには、各社員に、職位が上の人がキャリアカウンセラーとして付き、さまざまな相談を受ける仕組みがあります。転職を考えていると正直に打ち明けると、当時のカウンセラーは『社内で転職すればいい』と。**アクセンチュアは大きな組織ですが、個々のプロジェクトを小さな会社組織と見立てることもできます。それぞれ独立して動くのはもちろん、絶えず分裂する細胞のように、プロジェクトは発生と終結を繰り返している。**プロジェクトの内容はさまざまで、あるプロジェクトではまったく評価されない人が、別のプロジェクトでは最高の評価を受けることも珍しくありません。

私が評価されなかったのも、経験やスキルの問題だけでなく、自分の強みを生かせる場にいなかったからではないか。それなら、強みを生かせる場、つまり他のプロジェクトに〝社内転職〟すればいい。そう考え方を変えたことが、海外の金融関連のプロジェクトにつながったと思います。コンサルタントの世界は弱肉強食、同じ社内でもライバル同士というイメージを抱いている人が多いと思いますが、**アクセンチュアはチーム重視で、お互いに助け合う文化が浸透しています。キャリアメイクも仕事の進め方でも、自分から行動すれば、親身になって考え、気づきを与えてくれる人が周りにいます。**他のコンサルティング会社にいたら、あの段階で挫折して、ドロップアウトしていたかもしれません」

社内での転職を契機に、コンサルタントとして充実した日々を送っていたゲルバーは、やがてさらに大きな〝転職〟を決断する。コンサルタントから人事部への異動だ。現場の最前線に立つコンサルタントから人事のスペシャリストへの転身。一般的にはそんな印象が強く、「なぜ?」という疑問も抱いてしまう。しかし、ゲルバーの考えは明確だった。

コンサルタントの視線は、常にクライアントに向いている。社内でベストのチームを構築し、サービス価値を最大化するため、それはごく自然な流れだろう。ゲルバーは一歩引いたところから、アクセンチュアという組織の仕組みを見たくなったのだ。

コンサルタントから、人事部スペシャリストへの転身

「どんなプロジェクトでも、ジャストフィットする経験とスキルを持ったスタッフがいます。私もその一人だったわけですが、**グローバル化が進み、これだけ変化のスピードが速いビジネス現場で、どんなリクエストにも対応できるアクセンチュアの受容力と柔軟性は、冷静に考えてみるとすごい**。いったい、アクセンチュアにはどんな採用・育成のプロセス、戦略があるのか。そこに強く興味を持つようになっていきました」

そんなタイミングで、人事部の人材育成のポジションから募集が出ているのを目にする。応募、そして採用。そこから、人事のスペシャリストとしてのキャリアが始まった。

ちなみに、アクセンチュアの人事部にはコンサルティング現場からの異動者も多く、現場経験を生かした貢献が求められる。

それにしても日本における人事の仕事といえば、ドメスティックな要素が強く、微妙な雰囲気やニュアンスを思慮するという点で、日本人のほうが適していそうに思えるのだが。「そうかもしれませんが、私には自分の強みを生かせるポジションです」とゲルバーはきっぱりと言い切る。

グローバル人材としての強みを人事で生かす。これは、アクセンチュアらしい視点だといえる。ゲルバーが有していた強みの一つは、日本の社会を客観的に見ることができる、外国人ならではの視点である。

「アクセンチュアは全世界に30万人以上の社員がいますが、**世界中のオフィスをネットワークでつなぎ、知識や経験を共有する仕組みが構築されています**。そのなかで社内SNS的な役割を持つのが『ストリーム（Stream）』と呼ばれるもので、ハッシュタグをつけた投稿をすると、その道の世界中の専門家にメッセージが送られます。事例や自らの経験を教えてくれるメッセージの交換が頻繁に行われ、顧客の担当社員が有している知識のみならず、アクセンチュアが組織として持っているベストソリューションが提供できるツールとしても機能しています。テーマごとに、国境を越えたコミュニティをつくる動きも活発ですが、投稿もコミュニティへの参加も、他国に比べると日本からはまだ数が多くありません」

理由は明白だ。英語。ネットワーク上のコミュニケーションの9割以上は英語で行われているため、どうしても日本からの発信が少なくなってしまう。以前、コンサルティングの現場で言葉の壁を痛感したゲルバーには、その気持ちがよくわかる。しかし、一歩踏み出さなければ状況は変わらない。これからは人事として、日本でも、グローバル規模の社内コラボレーションが活発化するように働きかけていきたいという。

「トリガーは自分」。成長できるかは本人次第

日本独自の取り組みを、もっと海外に発信すべきとも考えている。アクセンチュアが掲げる「コアバリュー」は全世界共通の行動指針だが、日本では「コアバリュー・アワード」として、社員を表彰する制度を独自に設けている。5200人の社員からの投票を基に受賞者を選び、全社員が集まる場で表彰式を行い、表彰者のインタビューもその後行われる。コアバリューを再確認する場ともなっている。

「非常に手間がかかりますが、ここまでコアバリューを浸透させる試みを行っているのは

日本だけです。ただ、残念ながら海外ではあまり知られていない。積極的に発信していないからです。他の国の人事担当者に話すと、『そこまで徹底しているのはすごい』とみんな驚いています。こうした日本の素晴らしい部分を、世界中のアクセンチュアに向けて発信していくにも、私の経験と人脈が生かされるはずです」

ゲルバーは「架け橋」という言葉を使った。日本のスタッフが、海外のネットワークに積極的に参加していけるように。日本の取り組みを、海外に向けて発信できるように。さらに、海外で働きたいと思っている日本人。日本で働きたいと思っている外国人が、それぞれの思いを実現できるように。**いろんなものをつなぐ架け橋となることで、世界中のスタッフの成長を促し、組織の成長を後押しして、自分自身も成長を続ける。**それが、ゲルバーの思い描く人事のスペシャリスト像である。

2014年の9月から、世界中のアクセンチュア共通の仕組みとして**「キャリアズ・マーケットプレイス」**がスタートしている。世界中のオフィスの「人財」募集状況がすべてここに集約され、どこにいても閲覧可能。国境を越え、誰でもエントリーできるという、いわばグループ内の「人財マーケット」だ。

「**グローバルに働くための選択肢は広がり、キャリア形成の自由度はますます高まるはずです。**人事として、私もできる限りのサポートをしていきたいと思います」

現在の担当は人材戦略で、人はもちろんだが、組織を成長させる視点を持つことを強く求められる。考えるのはまず、1年後、3年後、5年後のアクセンチュアがどうなっているべきか。例えば、デジタルを活用した事業を強化するためにどんなスキルを持った人材が必要なのか。どんな育成プログラム、どんな取り組みが必要なのか。それをまとめて、人材育成の部門が具体的なプログラムを提案する。採用や人材育成のプレ段階の、企業戦略の大きな方向性に関わる立場にいる。

「経営に近いところにいるので、俯瞰して組織を見る機会が多く、コンサルティングの現場にいた頃とは違った刺激があります。今後は、日本企業の海外進出支援、さらにアクセンチュアの海外拠点との連携がさらに大きなテーマになるため、必要な人材をどのようにして採用し、育成できるかが最重要課題といっても過言ではありません」

アクセンチュアの人事制度は「プロフェッショナルの育成」を主眼とし、一般企業とは異なるスピード感のキャリア形成がインセンティブになっている。例えば、コンサルタント職として新卒で入社した場合、まずアナリストとして4〜8週間のトレーニングを受ける。その後、コンサルタント、マネジャーへと昇進するが、そのスピードは一般的な日本企業に比べると圧倒的に速い。もちろん、昇進するには自発的な能力開発が必要だが、サポートする仕組みが充実しているのも、アクセンチュアの大きな特徴である。

アクセンチュアの人材育成システムの優れているところは？　そう問いかけると、ゲルバーは即座に「広さ、そして深さ」と答えた。独自に開発されたeラーニングのシステムは、必ず受講しなければいけない必須トレーニングと、必要に応じて受講するオプショナルトレーニングに分かれ、合計で約3万種類のコースが用意されている。

個人ごとに年間の受講時間が決められているわけではなく、あくまで自分の裁量次第。また、単に受講するだけでなくテストが課されるものもある。日々の業務をこなしながら、トレーニングを受講するのはかなりハードだが、きちんと受講しているかどうかは、本人だけでなく上司の人材育成の評価にも直結するという。**どんなに忙しくても、知識・スキルを常に高めようとする意識が全社を貫いている**のだ。

日本とグローバルをつなぐ「架け橋」として

「全員が参加できるわけではありませんが、ロンドン、クアラルンプール、シカゴにあるトレーニングセンターでの研修もあります。世界各国の社員が集まり、実際にプロジェクトを実践するようなグループワークが中心で、期間は1～2週間。私も参加しましたが、トレーニング内容はもちろん、そこで知り合った人たちとのグローバルネットワークは、いまも大切な財産になっています。**参加は会社から促されるものだけではなく、個人の希望も反映されます。**選んだコース内容と職務に整合性があり、上司が認めることが条件です。これはアクセンチュアの育成システム全般に共通していますが、環境と仕組みは会社が用意する。それをどう生かし、自身の成長につなげていくかは、あくまでも本人次第。**自分がトリガーとなり、一つずつキャリアのステージを上がろうとする意欲があれば、理想的な環境が整っています**」

日本独自の取り組みとして挙げられるのが「私塾」で、経営幹部が塾長となり、定期的に開催されている。対象は主に20代後半~30代前半の若手マネジャー。目的は、次の世代を担うリーダーたちに、アクセンチュアのＤＮＡを伝えること。リーダー育成として研修をアウトソーシングする企業もあるが、外部講師ではその組織の血肉でもある理念、思いを、皮膚感覚として伝えることはできない。現在の経営幹部が、前の世代から受け継いだものをダイレクトに次世代に託す。そんなイメージである。

内容はさまざまで、真正面からリーダー像を語る塾長がいれば、グローバリゼーション、キャリアプランニングを語る塾長もいる。一つのセッションは2~3時間。受講するマネジャーも塾長も業務時間内での参加となるので、有意義な時間にしようという思いは強い。

ドイツから日本へ。そして、コンサルタントから人事のスペシャリストへ。

振り返ると、ゲルバーには二つの大きなターニングポイントがあった。社員の育成、キャリア構築をサポートしながら、これからの自身のキャリアはどう考えているのだろう。

「日本人のコンサルタントの質は、世界のどこの国にも負けないほど高いと思います。特に論理的にものごとを考え、緻密なプランを構築し、周りの状況を見ながらプロジェクトをドライブする能力は、間違いなくトップクラス。こうした強みを、これから入社してくる人たちに受け渡す仕組みを充実させながら、日本から海外へ、人もコンサルティングのノウハウも、積極的に発信できるように働きかけていきたいですね。日本とグローバルをつなぐ架け橋として、ＡＰＡＣ（アジア太平洋地域）での仕事にも関わっていければ」

日本のビジネス社会では、「キャリア＝社内での出世」と狭くとらえてしまいがちだが、**ビジネスの現場に限定せず、人生を充実させるための一つの要素としてキャリアをとらえているよう**だ。

実は、ゲルバーはこの取材ののち、同じ人事部内の採用担当チームに移ることが決まった。自己実現のための新たなキャリアステージに歩みはじめたゲルバーだが、スペシャリストというポジションは、引き続き最も居心地が良く、やりがいを実感できる場、なのである。

あとがき

コンサルティングファームの多様な業務をひと言で言い表すのは難しいが、それでも多くの人には、「コンサルタント」という言葉からくるイメージがある。クライアント企業の経営層を前に、理路整然とプレゼンテーションするようなシーンがその典型だろう。口をつく言葉は論旨明快、ものの考え方と行動は、豊富な知識と経験に裏打ちされている。ただそのイメージは、ある人には、あまりフレンドリーとはいえない人物像を連想させることがある。例えば、冷徹なまでの合理主義。とにかく効率性を重んじるドライさ。ときに剛腕を振るってでも目的を遂げようとする強引さ。そんなイメージを、「コンサルタント」や「コンサルティングファーム」に対して持っている人もいるのではないか。

しかし、今回の取材を通して我々が再認識したのは、そのような先入観とはおよそかけ離れた、仕事と人生にひたむきに向き合うアクセンチュアのプロフェッショナルたちの「人間臭さ」だった。企業人という以前に、ひとりの人間としての個性的で生々しい姿がそこにあった。本書に登場した人たちが「モチベーション曲線」に率直に表したように、ときに気持ちが萎えるような事態に直面しても、仕事に真摯に向き合い、自ら理想とする生き方を愚直なまでに追いかけようとしている人間味にあふれた人物群像といってもいい。

それは、合理主義やドライさを身にまとったようなエリート集団ではなく、共助の精神も持ち合わせながら、互いの「個」を尊重し切磋琢磨していく異能集団というべきか。高度の専門性を持ちながらも、けっして独善に走らず、チームワークを重視する。組織人でありながら、組織の論理に染まりきらずに職業人としての自らの志も大切にする。

そんなビジネスパーソンの働き方を、ひと言で「個性」といっていいのかもしれない。率直に言って、こんなにも個性豊かな人材を抱えているアクセンチュアという会社、いったいどこまで度量が広いのか、とも思う。おそらく、皆が皆、入社早々から個性を際立たせていたわけではないだろう。アクセンチュアの企業風土のなかに、豊かな個性と才能を育む素地があったことは確かだ。

そしてもう一つ、再認識したことがある。アクセンチュアという会社には、デジタル化とグローバル化が加速する世界経済のなかで、日本企業が再生と発展を果たしていくために、ひいては日本という国家が世界で強固な地歩を築いていくためになくてはならない人材育成のロールモデルがあるように思う。

いまは技術や生産拠点だけでなく、「雇用」そのものが海外流出と移転を余儀なくされている時代である。定型的で海外移転が可能な仕事の担い手は、十数年後には日本の雇用市場で半減するともいわれている。第一次産業や介護職など国の根幹と社会福祉を担う職業でさえ、機械化や合理化などで従事者が減っていく現実に直面しているのだ。

一方、高い専門性を持つ技術者や研究者、独自のブランド力や技術力で海外展開を図る企業の従事者、世界標準にもなり得る革新的な事業シーズを基に創業する人々、あるいは商社など世界をまたにかけて活躍するグローバル人材は、現在より2倍から4倍に増えていくと予想されている。日本の労働・雇用環境に、かつてないスケールのパラダイムシフトが起きようとしているのだ。

そのような大変革の時代において求められる人材像は、間違いなく、「自分で仕事を創り出していける人間」である。企業固有の機能と仕組みを十二分に生かしながら、社会的課題の解決と、「個」として設定したゴールに向かって突き進む。そんな自律走行型の職業人が、仕事のやりがいと生きがいを手にし、結果的に企業にも利益をもたらし、ひいては世の中を変えていく可能性を秘めているのではないかと思う。

デジタル&グローバル時代の新しい働き方がそこにある。職業人として、一個の人間としての価値ある働き方。それができる人こそが、まさに「人財」であり、アクセンチュアという会社は、その人財の孵化装置のようにも思える。

本書冒頭で、程近智社長自身が「アクセンチュアは、成長と自己実現のプラットフォームだ」と語っているが、そのプラットフォームは、個と組織の相互作用があってこそのものだ。程社長も、個人の成長は組織の成長と同じベクトル上にあり、そのベクトルの力が新しい社会の創造につながるという確信があるからこそ、そう言ったのに違いない。

その程社長も含め、本書で紹介した一人ひとりのストーリーには、「コンサルタント」や「コンサルティングファーム」に対する従来のイメージを覆す人間臭いドラマがあると同時に、時代が求める人材観の雛形にもなり得る。そんな気がしてならない。

これからアクセンチュアに入社・転職したいと考えている人たちだけでなく、自己実現をはかるキャリアとはなんなのかを真剣に考える若者たちや、前途有為な若者をとことん育成したいと考えている企業関係者の方々に、本書が示唆するものを少しでも感じていただけたら、取材班としてはうれしい限りだ。

最後に、取材に協力してくださった方々に、ここであらためて感謝の思いを捧げたい。

ダイヤモンド社出版編集部

デジタル&グローバル時代の凄い働き方
アクセンチュア社員が語る常識破りのキャリア構築術

2015年1月16日　第1刷発行

編　者――ダイヤモンド社出版編集部
発行所――ダイヤモンド社
〒150-8409　東京都渋谷区神宮前6-12-17
http://www.diamond.co.jp/
電話／03·5778·7235（編集）　03·5778·7240（販売）
装丁――――高野睦子
本文デザイン·DTP――森田祥子（タイプフェイス）
編集協力――エディ・ワン
執筆協力――津田浩司、小野塚久男、武田敏則
製作進行――ダイヤモンド・グラフィック社
印刷――――勇進印刷（本文）・慶昌堂印刷（カバー）
製本――――川島製本所
編集担当――前田早章

ISBN 978-4-478-02994-7